ISBN 3-9809994-1-6
1. Auflage September 2005

Textredaktion:
Anke Gebert, Anke Onadey, Rüdiger Wolff
Gestaltung:
KONTOR für Werbung, Hamburg –
Anne Busowietz / Sabine Fahrenkrug Grafik Design
Titelfoto: Kramp & Goelling, Hamburg
Druck und Bindung: Clausen & Bosse, Leck
Printed in Germany

Dr. med. Dörten Wolff

Das Kochbuch zur Impuls-Therapie

Nahrung statt Medizin

Inhalt

Vorwort

Es fällt heutzutage viel schwerer, sich gesund zu ernähren als in früheren Zeiten. Viele Menschen sind aus verschiedensten Gründen auf Kantinenessen, Service-Dienste und Fertigprodukte angewiesen.

Zivilisationskrankheiten wie Übergewicht, Allergien, Nahrungsmittelunverträglichkeiten, Hauterkrankungen, Bluthochdruck, Sodbrennen, Migräne, Diabetes, Schlafstörungen, Stress und Überforderung nehmen rasant zu.

Dieses Kochbuch soll die praktische Anwendung einer neuen Ernährungsweise vermitteln, mit der sich jeder ausgeglichener, gesünder und leistungsfähiger fühlen kann. Die Impuls-Kostform stabilisiert das vegetative Nervensystem. Heutzutage sind unsere Sinnesorgane durch eine ständige Reizüberflutung völlig überfordert, so auch mit dem vielfältigen Nahrungsangebot. Gesunde und naturbelassene Nahrungsmittel auszuwählen, ist nicht der alleinige Garant dafür, sich wohl und ausgeglichen zu fühlen. Neben der Auswahl qualitativ hochwertiger Lebensmittel kommt es außerdem auf die Zusammenstellung von Nahrungsmitteln innerhalb einer Mahlzeit an und darauf, in welchen Zeitabständen gegessen wird. Denn jedes Nahrungsmittel, auch wenn die Menge noch so klein ist, löst Reaktionswellen im Gehirn und auf den Körper aus. So bewirkt jeder kleine Schluck Saft oder Kaffee eine Impulswelle.

Menschen unterscheiden sich durch ihre Gene, aber auch durch ihr vegetatives Nervensystem, dem Informationsleitsystem. Jede Nahrungsmittelaufnahme erzeugt über den Geschmackssinn eine neue Information für den Körper. Schon auf der Zunge entsteht die Information darüber, auf welche Weise die Botenstoffe die Körperfunktionen verändern werden.

Mit zu vielen verschiedenen Informationen ist der Geschmackssinn überfordert. Meine Forschungsergebnisse führten zu der Feststellung: Wird nur eine Kohlenhydratart pro Mahlzeit gegessen und zwischen den einzelnen Mahlzeiten eine Pause von ca. 2 Stunden eingehalten, dann wird das Körperempfinden sehr viel entspannter sein. Isst man jedoch ständig eine Kleinigkeit und vermischt die Kohlenhydratarten, dann können häufig Beschwerden wie Müdigkeit, Niesen oder psychische Unstimmigkeiten, wie z. B. ein Wutausbruch auftreten. Die Impuls-Ernährungsweise ist für alle vegetativen Typen geeignet.

Das Kochbuch enthält Rezeptvorschläge für die Alltagsküche, es erhebt keinen Anspruch auf die „Nouvelle Cuisine". Die Grundregeln der Impuls-Kost werden noch genauer auf den nächsten Seiten erläutert. In den Rezepten ist die jeweilig enthaltene Kohlenhydratart in roter Farbe hervorgehoben.

Wenn Sie körperlich völlig gesund sind, das Gefühl haben, dass Sie essen und trinken können, was Sie wollen, gut ein- und durchschlafen können, nach dem Essen nicht müde werden, nicht unter Blähungen, Völlegefühl oder Sodbrennen leiden, Kopfschmerzen nicht kennen, und auch nicht auf Ihr Gewicht achten müssen - dann gehören Sie zu den wenigen Menschen, bei denen alle Körperfunktionen reibungslos geregelt werden können. Dann sind Sie zur Zeit gesund und müssten keine Einschränkungen in der Nahrungsmittelkombination einhalten. Die Impuls-Ernährungsweise könnte aber generell eine Vorbeugung für eine weitere Stabilität Ihres vegetativen Nervensystems bedeuten.

Der Mensch ist, was er isst!

Der hohe vegetative Typ fühlt sich wohl mit salzigen Speisen, der niedrige vegetative Typ benötigt regelmäßig Kohlenhydrate, bevorzugt häufiger süße Speisen.

Wie Nahrungsmittelkleinstmengen, beispielsweise ein Stück Würfelzucker oder ein Teelöffel Öl, gezielt zur Therapie von Störungen, Nahrungsmittelunverträglichkeiten und Krankheiten eingesetzt werden können, erfahren Sie in meinem Buch ***„Nahrung statt Medizin"*** *(Edition Wolff).*

Die Grundregeln der Impuls-Ernährungsweise

1. *Jede Mahlzeit sollte nur eine Kohlenhydratart enthalten.*
2. *Ein Essensrhythmus von ca. zwei Stunden ist zu empfehlen.*
3. *Kaffee oder Tee sind als eine Zwischenmahlzeit zu betrachten (Kräuter- und Früchtetees ausgenommen).*
4. *Sollten Sie dennoch einmal mehrere Kohlenhydrate in einer Mahlzeit zu sich genommen haben, legen Sie bitte eine Essenspause vier Stunden ein.*
5. *Möglichst auch nur eine Fettgruppe (gesättigte oder ungesättigte Fettsäuren) verwenden.*
6. *Über Nacht sollte zehn Stunden lang außer Wasser oder Kräutertee nichts gegessen oder getrunken werden.*

Was steckt hinter diesen Regeln?

1. Jedes Nahrungsmittel hat eine physiologische Wirkung, erzeugt einen Impuls. Mehrere Kohlenhydratarten in einer Mahlzeit genossen, erhöhen die Impulswirkung. Ein Impuls bewirkt im Gehirn die Aktivierung von Botenstoffen. Diese wiederum bestimmen unsere Körperfunktionen. So wird beispielsweise bei einer höheren Impulswirkung mehr Speichel, so wie auch mehr Magensäure produziert. Alle Organe und Drüsen werden entsprechend beeinflusst. So wie Sie eine bestimmte Lautstärke als angenehm empfinden, Sie dementsprechend der Melodie folgen können, so können Sie auch Ihr Körpergefühl durch Ihre Ernährungweise harmonisieren.
   Und genau das passiert, wenn Sie in einer Mahlzeit nur eine Kohlenhydratart zu sich nehmen.
2. Normalerweise lösen Kohlenhydrate eine stark erhöhte Impulswelle während einer Zeit von 2 Stunden aus. Erfahrungsgemäß entsteht dann wieder ein Appetitgefühl.
   Ihrem Appetitgefühl können Sie vertrauen, wenn Mahlzeiten und auch Zwischenmahlzeiten nur eine Kohlenhydratart enthalten. Genau aus diesem Grund ist der Zweistundenrhythmus natürlich (physiologisch).
3. Kaffee und Tee sind Stoffe, die auch ihren eigenen Impuls erzeugen. Ihr Impuls reicht häufig aus, ein befriedigendes Körpergefühl zu erreichen. Ein Energieschub ist auch ohne Kalorien möglich.
4. Sollten Sie jedoch einmal eine Zwischenmahlzeit mit mehreren Kohlenhydratarten gegessen haben, so legen Sie eine Essenspause von ca. 4 Stunden ein, ansonsten steigt die Gefahr, eine Insulinresistenz aufzubauen und an Gewicht zuzulegen.
5. Haben Sie mit Fetten ein Problem oder erhöhte Cholesterinwerte, dann sollten Sie innerhalb einer Mahlzeit nur gesättigte oder ungesättigte Fettsäuren zu sich nehmen.
6. Nahrungsmittel zeigen über 7 bis 10 Stunden eine physiologische Wirkung. Das vegetative Nervensystem kommt nur nach einer nächtlichen Essenspause von 10 Stunden zur Ruhe.

Nahrungsmittelgruppen

Kohlenhydrate	Proteine	Fette	Gemüse	
Zucker *(Honig, Ahornsirup)* Fruchtzucker *(Obst, Fruchtsaft, Marmelade)* Getreide *(Mehl, Brot, Nudeln, Grieß)* Alkohol Stärke *(Kartoffeln, Reis, Mais)* Milch *(und Milchprodukte, die Milchzucker enthalten)* **Mischprodukte:** Banane Nüsse, Mandeln Hülsenfrüchte *(Erbsen, dicke Bohnen, Linsen)* Schokolade	Fleisch Fisch Geflügel Pilze Sojamilch laktosefreie Milchprodukte Eier	Öl Butter Sahne* Avocado Creme fraiche*	Aubergine Blattsalate Blumenkohl Brokkoli Chicoree Chinakohl Fenchel Grünkohl Gurken Kohlrabi Rotkohl Mangold Möhren Paprikaschoten Porree Rosenkohl	Rettich Rote Beete Sellerie Spargel Spinat Spitzkohl Tomaten Weißkohl Wirsingkohl Zucchini Zwiebeln
Kräuter, Gewürze	**Genussmittel**			
Ohne Einschränkung zu verwenden, vor allem frische Kräuter	Kaffee schwarzer Tee grüner Tee *(fast neutral)* Kakao			

Bitte nur eine Kohlenhydratart pro Mahlzeit!

* Enthalten eine Kleinstmenge Milchzucker, deshalb nur sparsam mit anderen Kohlenhydratarten verwenden!

Milch und Milchprodukte

Enthält keinen oder kaum Milchzucker = neutral	Enthält Milchzucker = Kohlenhydrat
Quark	Milch
Hartkäsesorten	Sahne
Mozzarella	Saure Sahne
Emmentaler	Creme fraiche
Edamer	Kondensmilch
Gouda	Buttermilch
Tilsiter	Dickmilch
Butterkäse	Joghurt
Gorgonzola	Kefir
Roquefort	Frischkäse
Kochkäse	Doppelrahmkäse
Limburger	Hüttenkäse
Feta *(Schafskäse)*	Cheddar
Ziegenkäse	Brie
Parmesam *(wenig)*	Camembert
Romadur	Trockenmilchpulver (viel)
Schmelzkäse	Rohmilchkäse
Mit einer anderen Kohlenhydratart kombinierbar!	**Nicht** mit einer anderen Kohlenhydratart kombinierbar!

Milch und Milchprodukte enthalten, wenn sie aus der Gesamtmolke hergestellt sind, Milchzucker (Lactose) und sind somit den Kohlenhydraten zuzuordnen.

Laktosefreie Milchprodukte

In Europa leiden 10 – 20 % der Menschen an einer Milchzucker-Unverträglichkeit, in Asien sogar 90 %. Blähungen, Völlegefühl, Durchfälle können die Folge dieser Unverträglichkeit sein. Milchprodukte jedoch sind wesentliche Calciumspender.

In einer gesonderten Tabelle finden Sie die milchzucker-freien Milchprodukte, auch im Fall von Unverträglich-keiten. Milchzuckerfreie Produkte bieten in der Impuls-Ernährungsweise ebenfalls einen guten Calciumspender und ernährungsphysiologisch keine weitere Kohlenhydratart. Sie können diese zu allen Speisen und Gerichten bedenkenlos verwenden.

Tipp: Lachs, Brokkoli und Orangensaft enthalten ebenfalls viel Calcium.

Neu ist, dass auf dem Lebensmittelmarkt laktosefreie Milchprodukte angeboten werden (beispielsweise von der Firma Minus L). Der Milchzucker ist in diesen Produkten gegen Zucker ausgetauscht worden, dadurch aber auch nicht kohlenhydratfrei. Laktosefreie Sahne mit Zucker kann jedoch bei einer Kombination wie Erdbeeren mit Zucker und Sahne gut eingesetzt werden, also primär bei den Süßspeisen oder Kuchen.

Fettsäuregruppen

gesättigte Fettsäuren	einfach ungesättigte Fettsäuren	mehrfach ungesättigte Fettsäuren
Fleisch Wurstwaren Käse Butter Milch- und Milchprodukte	Öle aus Sonnenblumen Leinen Raps Disteln Oliven Walnüssen Kürbis	Fisch Lachs Hering Makrele Thunfisch Ei
Versuchen Sie grundsätzlich den Anteil der ungesättigten Fettsäuren zu erhöhen!		

Allgemeine Kochregeln

DAS PRINZIP IST:

BLEIBEN SIE BEI DERSELBEN KOHLENHYDRATART!

Wie süße ich: _ _ _ _ _ _ _ _ _ _ _ _ _ _ _ _ _ _

- Saure Früchte mit Fruchtzucker.
- Süße Früchte mit Zucker.
- Milchprodukte, die Milchzucker enthalten (Buttermilch, Joghurt, Kefir, Dickmilch) mit Milchzucker (hat allerdings keine große Süßkraft). Bei vielen Menschen fördert Milchzucker die Stuhltätigkeit.
- Ein neutrales Milchprodukt wie Quark kann sowohl mit Honig, als auch mit Zucker oder Fruchtzucker gesüßt werden.
- Lactosefreie Milchprodukte enthalten Zucker – dementsprechend können sie mit Zucker nachgesüßt werden.

- Den Kaffee mit Milch oder Zucker.
- Den Tee mit Zucker oder Honig.

Wie dicke ich Saucen an: _ _ _ _ _ _ _ _ _ _

- Sauce zur Kartoffel – mit Kartoffelmehl.
- Sauce zum Nudelgericht – mit Weizenmehl.

- Obstsuppen – mit Agar-Agar (Algenprodukt, gibt es im Reformhaus)
  oder mit Gelantine
- Marmelade – Früchte kochen Sie mit Fruchtgelierzucker ein – schmeckt genauso gut
  Marmelade isst man in der Impuls-Therapie nicht zu Brot, beispielsweise zu Quark oder Käse.

- Süßspeisen allgemein mit Agar-Agar oder Gelantine.
  Fleischsaucen werden auch dick mit vereister Butter.
- Sauce zum Reis – mit Reismehl.

Vorsicht mit Produkten wie Maizena!
Maizena besteht aus Maismehl, damit käme in den meisten Fällen eine andere Kohlenhydratart ins Essen.

Kräuter

Kräuter geben dem Essen Geschmack. Verwenden Sie diese viel und häufig.

Petersilie: _______________

Sehr gesund, enthält viel Vitamin C. Geben Sie die Petersilie möglichst erst nach dem Garen zur Speise.

Salbei: _______________

Gut geeignet für Fleischgerichte.

Thymian: _______________

Aromatischer, herber Geschmack, passt gut zu Fisch, Pizza, Pasta, aber auch über Kartoffeln, die im Backofen mit Fett gebacken werden.

Basilikum: _______________

Kräftig und würzig, geeignet für Salat, die meisten werden Tomate, Mozzarella mit Basilikum kennen. Vor allem wird Basilikum in der italienischen Küche eingesetzt, bei Pasta, Pizza, Pesto.

Rosmarin: _______________

Kräftig-würziger Duft und Geschmack, passt gut zu Fisch und Kartoffelgerichten.

Koriander: _______________

Süßlicher Geschmack, passt gut zu Kräuterdips und Kräutersoßen

Getrocknete Lorbeerblätter: _______________

Veredeln Fleischspeisen, können die ganze Zeit mit dem Gulasch gekocht werden.

Gartenkresse: _______________

Scharf und würzig für Salate, auch gut als Dekoration verwendbar.

Kerbel: _______________

Anisartig, für Suppen (z.B. Fleischbouillon).

Dill: _______________

Zu Gurken oder Fischgerichten.

Schnittlauch: _______________

Für Salate und Quarkspeisen.

Alkohol

„ALKOHOL IST EIN HERVORRAGENDES LÖSUNGSMITTEL. ER LÖST FAMILIEN, EHEN, FREUNDSCHAFTEN, ARBEITSVERHÄLTNISSE, BANKKONTEN, LEBER- UND GEHIRNZELLEN AUF! ER LÖST NUR KEINE PROBLEME!"
(Zitat der Alkoholikerverbände)

Alkohol ist die Suchtdroge Nr. 1. Die tägliche Weinmenge sollte 0,25 l nicht übersteigen.
Physiologisch wirkt Alkohol vorerst gefäßerweiternd, später gefäßverengend. Im Übermaß genossen schädigt Alkohol das gesamte Herz-Kreislaufsystem und die Leber.

Durch übermäßigen Alkoholgenuss entsteht im Körper verstärkt Homocystein, einer der bekannten Risikofaktoren für den Herzinfarkt.

Mit Hilfe des Vitamins Folsäure kann das Homocystein abgebaut werden. Es ist beispielsweise in Walnüssen, Walnussöl und Folsäuresalz enthalten.
Alkohol lässt leichter zunehmen. Trinkt man Alkohol, wird dieser als erster Stoff abgebaut, macht Hunger, und alle anderen Nährstoffe werden vorerst in die Fettzellen eingelagert.
Trotzdem ist ein Gläschen am Feierabend oder bei Festen erlaubt. Aber beachten Sie, dass damit die eine Kohlenhydratart pro Mahlzeit vergeben ist.
Wein oder Sekt trinkt man schluckweise. Physiologisch wird so immer wieder ein neuer Impuls gesetzt. Das vegetative Nervensystem ist überfordert, wenn über mehrere Stunden getrunken wird. Physiologisch betrachtet ist ein einzelner Schnaps manchmal bekömmlicher.

Pflanzenstoffe, die Radikale abfangen

... und damit vor Krebs schützen

BETA-CAROTIN	**IN KAROTTEN**
LYKOPIN	**IN TOMATEN**
LUTEIN	**IN GRÜNEM GEMÜSE**

Alle Sauerstoffradikalfänger sind beispielsweise in folgender Tageskombination enthalten:
2 Äpfel, Salat und 2 bis 3 Tomaten.
Essen Sie bitte möglichst täglich fünf Portionen Obst oder Gemüse!

Zusatzstoffe in Lebensmitteln

Unsere Nahrung sollte abwechslungsreich und gesund sein. Leider finden sich häufig Substanzen in unseren Lebensmitteln, die potentiell gesundheitsschädlich sein können: Pflanzenschutzmittel, Zusatzstoffe wie Farb-, Konservierungs- oder Süßstoffe. Eine Sonderstellung nehmen die so genannten Lebensmittelimitate ein. Es ist bisher nicht bekannt, ob sich dahinter ebenfalls gesundheitliche Risiken verbergen.

Durch die Schlagzeilen ging die potentiell kanzerogene Wirkung von Acrylamid, das beim Erhitzen stärkehaltiger Produkte wie Knäckebrot und Pommes frites entsteht oder polyzyklische aromatische Kohlenwasserstoffe, die beim Grillen von Fleisch entstehen.
Dieses Thema möchte ich an dieser Stelle nicht vertiefen, dazu gibt es genügend Fachliteratur.

Eines ist auf jeden Fall immer richtig:
ACHTEN SIE AUF DIE QUALITÄT DER NAHRUNGSMITTEL.

Essen im Restaurant

Besprechungen und Treffen mit Freunden finden häufig in Restaurants statt. Abends werden dann auch gern ein paar Gläschen Wein getrunken.

DIE TYPISCHEN FALLEN IM RESTAURANT

Saucen:

Häufig werden Fertigsaucen verwendet. Diese enthalten meistens viele verschiedene Kohlenhydratarten und Zusatzstoffe. Vorsicht ist allerdings auch bei den meist sehr raffiniert mit vielen verschiedenen Zutaten abgeschmeckten, selbst hergestellten Saucen geboten. Entscheiden Sie sich lieber für Essig und Öl. In jedem Restaurant ist es möglich, zum Salat Essig und Öl zu bestellen.

Wählen Sie keine Gerichte aus mit Sahnesauce, denn Sahne enthält Milchzucker. Kartoffeln, Reis und Nudeln müssten in diesen Fällen auf dem Teller liegen bleiben.

Beilagen:

Wählen Sie eine Suppe, einen Salat oder Antipasti als Vorspeise aus, so können Sie beruhigt ein wenig Brot dazu essen. Das Hauptgericht dürfte Nudeln enthalten, auf Reis oder Kartoffeln sollten Sie in diesem Fall verzichten. Brot und Nudeln gehören der gleichen Kohlenhydratart an.

Hauptgerichte:

Wählen Sie ein Hauptgericht, bestehend aus Fisch, Fleisch, Geflügel, Ei und Gemüse aus, können Sie sich als Kohlenhydratartwahl ein Gläschen Wein gönnen oder aber eine Nachspeise.

Aperitif:

Schlagen Sie den Aperitif lieber aus, denn damit hätten Sie sich schon für eine Kohlenhydratart entschieden. Es sei denn, Sie können abschätzen, dass die Vorspeise erst eine Stunde später gereicht wird und diese ohne Kohlenhydrate wäre. Die Hauptspeise sollte dann erst ca. 1 1/2 Stunden nach dem Aperitif gegessen werden. Sie könnten dann beruhigt Reis oder Kartoffeln oder Nudeln essen. Die Nachspeise sollten Sie danach zwei Stunden zurückstellen.

Feste soll man feiern, wie sie fallen – wenn diese dann nicht nur allzu häufig die ganze Ernährungsweise durcheinanderbringen würden. Nach Festen fühlt sich fast jeder am nächsten Tag wie erschlagen. Das darf natürlich ab und an ruhig einmal sein. Die Impuls-Kost soll Ihnen den Alltag erleichtern, damit Sie sich generell wohler und fitter fühlen und den Arbeitsalltag besser bewältigen können.

Imbissbuden

Unterwegs ergibt sich manchmal nur die Möglichkeit, in einer Imbissstube zu speisen. Auch das stellt kein Problem dar. Salate mit Essig und Öl können gewählt werden, Pommes mit Mayo und eine Bratwurst erfüllen das Prinzip der Impuls-Therapie (Vorsicht jedoch mit Ketchup, denn er enthält Zucker!). Ein Wienerschnitzel mit Brot ist erlaubt, da die Pannade ebenfalls aus Brot besteht (also bitte keinen Kartoffelsalat dazu!).

Snacks

Das könnten sein:

1 Glas Saft,
1 Glas Milch,
1 Glas Buttermilch,
1 Stück Schokolade,
Nüsse,
Lakritz,
Avocado,
Milchkaffee,
Tee mit Zucker oder Milch,
Tee mit Honig,
Quark mit Obst oder Marmelade,
vielleicht auch nur 1 Möhre,
1 Glas Sojamilch,
Tomaten mit Mozzarella,
Erdbeeren mit Sojamilch,
Kompott mit lactosefreien Milchprodukten.

Welche Kombinationen sind unbedingt zu vermeiden

Müsli + Joghurt + Milch,
Fruchtjoghurts,
Marmeladen- oder Honigbrote,
viele Kuchen- und Kekssorten,
Milchreis,
Grießbreigerichte,
Nachspeisen, die gleichzeitig Mehl und Zucker enthalten.

Vermeiden Sie grundsätzlich die Kombination von Mehl und Zucker.
Die Chinesen verwenden wohlweislich keinen Zucker und keine Milchprodukte in ihrer Ernährungsweise.

Die Impuls-Kost

- ***Das Ergebnis von 15.000 Nahrungsmitteltests (Speicheltests) und die Praxis im Umgang mit Nahrungsmitteln und Nahrungsmittelkombinationen führten zu der Impuls-Kostform.***
- ***Schon auf der Zunge entsteht die Information, wie ein Nahrungsmittel die Botenstoffe im Gehirn aktiviert und wie diese sie an den Körper weiterleiten.***
- ***Gesunde Ernährung allein reicht häufig nicht aus, trotzdem leiden Menschen unter Kopfschmerzen, Heuschnupfen, Neurodermitis, Migräne, Blähungen, Schlafstörungen, Sodbrennen, Durchfällen und Unruhezuständen.***
- ***Es kommt nicht nur darauf an, was man isst, sondern auch wann man isst, und welche Nahrungsmittelkombinationen gewählt werden.***
- ***Menschen unterscheiden sich in ihrem vegetativen Nervensystem. Hohe vegetative Typen harmonisieren sich durch salzige Speisen, niedrige vegetative Typen häufig durch süße Speisen.***

Suppen

Die Suppe ist eine typisch deutsche Vorspeise. Sie ist eine ideale Mahlzeit für den kleinen oder großen Hunger. Die Form der Zubereitung ist variabel: vom dicken Eintopf bis hin zur leichten Bouillon sind Ihrer Fantasie keine Grenzen gesetzt.

Die große Bedeutung der Suppe spiegelt sich auch in diversen Sprichworten, die der Volksmund überliefert, wieder. Man denke nur an das berühmte „Haar in der Suppe“ oder an das Selbsteingebrockte, dass man auslöffeln muss.

„Fünf waren geladen, zehn sind gekommen. Gieß Wasser zur Suppe und heiße alle willkommen!“

Gemüsesupppe

ZUTATEN: 4 PERSONEN

2 Würfel fette Brühe

1 Bund Suppengrün

300 – 500 g Möhren

1 Porreestange

½ Sellerie

5 – 8 Kartoffeln

2 Kohlrabi

1/4 Weißkohl

Salz

Chinesische Soja-Sauce

1 ½ l Wasser

ZUBEREITUNG

- Das Wasser mit dem Brühwürfel aufkochen lassen.
- Währenddessen Gemüse putzen und klein schneiden und je nach Garzeit in die Suppe geben (die festen Gemüsesorten haben die längste Garzeit).
- Zum Schluss das Suppenkraut dazugeben, mit Salz und Sojasauce abschmecken.

VARIANTEN:

Fleischklöße aus purem Hackfleisch oder Fleischstücke jeder Art (Huhn, Rindfleisch) können die Suppe ergänzen.

KOHLENHYDRATWAHL

Die Kartoffel kann ersetzt werden durch: Grieß- oder Mehlklöße, dann könnte auch Brot dazu gereicht werden.

Hühnersuppe

ZUTATEN: 3 – 4 PERSONEN

1 Suppenhuhn

1 Bund Suppengrün

500 – 800 g Möhren

1 Bund Petersilie

1 Sellerie

2 ½ l Salzwasser

ZUBEREITUNG

- Das ausgenommene Suppenhuhn ins Salzwasser geben, kurz vor dem Kochen den Herd herunterschalten und die Suppe sieden lassen, bis das Fleisch weich ist (ca. 2 ½ – 3 Stunden).
- Nach 1 ½ Stunden das Suppengrün und das Gemüse dazugeben
- Das Suppenhuhn entnehmen und zerkleinern – erscheint Ihnen die Suppe zu fett, schöpfen Sie ein wenig Fett ab.
- Das zerkleinerte Hühnerfleisch und die Petersilie in die Suppe geben.

BEILAGEN:

Die Hühnersuppe enthält noch keine Kohlenhydratart, Sie können sich für Brot oder Reis entscheiden.

KOHLENHYDRATWAHL

Die Hühnersuppe selbst enthält noch keine Kohlenhydratart. Sollten Sie eher Appetit auf etwas Süßes haben, dann genießen Sie die Suppe ohne Beilagen und entscheiden sich für eine Nachspeise oder ein Stück Schokolade hinterher.

Möhrensuppe

ZUTATEN: 4 PERSONEN

1 kg Möhren

1 Würfel Gemüsebrühe

Salz

Pfeffer

Frisches Basilikum

1 l Wasser

ZUBEREITUNG

- Die gesäuberten Möhren in Würfel schneiden.
- In 1 l Wasser mit der Gemüsebrühe garkochen.
- Die Suppe mit dem Pürrierstab cremig pürrieren.
- Würzen Sie mit Salz, Pfeffer und feingeschnittenem Basilikum.
- Für besondere Anlässe kann mit einem kleinen Sahnehäubchen und Basilikum garniert werden.

KOHLENHYDRATWAHL

Bisher wurde noch keine Kohlenhydratart eingesetzt. Diese Suppe eignet sich als Vorspeise. Es kann ein vollständiges Hauptgericht folgen.
Sollte Ihnen die Suppe als Hauptgericht genügen, dann können Sie sich noch einen Nachtisch mit einer Kohlenhydratart gönnen.

Tomatensuppe

ZUBEREITUNG

- Zerschneiden Sie die Tomaten und Zwiebeln, bringen Sie diese ohne Wasser zum Kochen, dünsten Sie das Gemüse gar und füllen dann mit Wasser auf.
- Rühren Sie das Mehl mit Wasser in einer Tasse an, rühren Sie den Brei unter die Suppe.
- Lassen Sie die Suppe aufkochen.
- Geben Sie nun die kleingehackten Kräuter dazu und schmecken mit Gewürzen und Salz ab.

BEILAGEN:

Es können Fleischklöße oder geröstete Weißbrotwürfel dazugegeben werden.
Es kann auch Baguettebrot dazugereicht werden.
(Es handelt sich in diesem Fall um die gleiche Kohlenhydratart.)

KOHLENHYDRATWAHL

Die Wahl ist schon gefallen, als Hauptgericht dürfte jetzt nur noch Fisch, Fleisch, Huhn und Gemüse gegessen werden.
Wer keine Gewichtsprobleme hat und meint, nicht satt zu werden, könnte dazu passend noch Nudeln wählen.
Innerhalb der nächsten zwei Stunden dürften Sie dann aber keine Nachspeise zu sich nehmen.

ZUTATEN: 3 – 4 PERSONEN

600 – 750 g Tomaten

3 – 4 rote Zwiebeln

40 – 50 g Butter oder Öl

60 g Mehl

Schnittlauch oder Petersilie

Salz

Pfeffer

Paprikapulver

1 ½ l Wasser

Zwiebelsuppe

ZUTATEN: 4 PERSONEN

5 Zwiebeln

1 Liter Fleischbrühe (Würfel)

50 g Butter

100 g Gouda oder Emmentaler Käse

Weizenbrotbrösel

Salz

Pfeffer

Thymian

Petersilie

ZUBEREITUNG

- Zwiebeln klein schneiden und in Butter bräunen, diese in die Fleischbrühe geben und 15 Min. garen lassen.
- Dann mit Gewürzen abschmecken und in Suppenschüssel umfüllen.
- Streuen Sie die Weißbrotbrösel darüber, überdecken Sie danach alles mit dem geriebenen Käse.
- Im Backofen bei 250 °C überbacken, bis der Käse zerlaufen und gebräunt ist.

BEILAGEN:

Die Zwiebelsuppe ist eine vollständige Mahlzeit. Dazu kann noch Brot gegessen werden.

KOHLENHYDRATWAHL

Ist sie als Vorspeise gedacht, dann sollte die Hauptmahlzeit nur noch aus Fleisch, Fisch, Geflügel und Gemüse bestehen, wobei Brot weiterhin gegessen werden kann.
Wein oder eine Nachspeise verzehren Sie bitte erst zwei Stunden später.

Kraftbrühe mit Grießnockerln

ZUBEREITUNG

- Die Butter mit einem Holzlöffel schaumig schlagen, die Eier unterrühren, mit Salz, Pfeffer und Muskat abschmecken, dann den Grieß dazugeben und gut verrühren.
- Danach wird der zerkleinerte Schnittlauch zugerührt.
- 10 Min. bleibt die Mischung stehen, dann wird sie löffelweise in kochendes Salzwasser gegeben und 20 Min. geköchelt.

SUPPENGRUNDLAGE:

- Eine gute Suppengrundlage ist ein Fleischknochen oder eine Poularde, die in einem Liter Wasser gekocht wird. Es reicht aber auch ein Brühwürfel.
- Die Grießnockerln können mit einem Löffel portionsweise in die Suppe gegeben werden.

VARIANTEN:

Grießnockerln können auch gegen Tofu ausgetauscht werden.

KOHLENHYDRATWAHL

Grieß wird aus Getreide hergestellt, es kann Brot dazu gegessen werden. Das Hauptgericht könnte aus Nudeln bestehen oder nur aus Fleisch, Fisch, Geflügel – mit Gemüse.

ZUTATEN: 3 – 4 PERSONEN

100 g Butter

2 Eier

200 g Grieß

Salz

Pfeffer

Muskat

Schnittlauch

1 l Wasser

Blumenkohlsuppe

ZUTATEN: 2 PERSONEN

250 g Blumenkohl

1 Eigelb

40 g Butter

50 g Mehl

oder Agar-Agar

Muskatnuss

Zitronensaft

Gemüsebrühe oder

Fleischbrühe

¾ l Wasser

ZUBEREITUNG

- Den Blumenkohl in Röschen zerpflücken und in der Brühe gar kochen.
- Den Blumenkohl herausnehmen.
- Butter im Topf schmelzen lassen und das Mehl leicht anschwitzen.
- Mit der Kochflüssigkeit aufgießen und glatt rühren.
- Das Eigelb mit Wasser verquirlen, in die heiße Suppe rühren und den Blumenkohl hinzufügen.
- Mit Muskatnuß und Zitronensaft abschmecken.

BEILAGEN:

Zur Suppe kann ein wenig Brot gegessen werden.

VARIANTE:

250 g Brokkoli, evtl. Putenbrust oder gekochten Schinken dazugeben.

KOHLENHYDRATWAHL

Wenn Sie bei der gleichen Kohlenhydratart bleiben wollen, könnten Sie zum Hauptgericht Nudeln essen.

Gemüsesuppe mit Grießnockerln

ZUBEREITUNG

- Das Wasser mit Salz und Butter aufkochen, den Grieß hinzurühren, ca 4 Minuten kochen lassen, abkühlen lassen und dann das Eigelb unterrühren.
- Die in Würfel geschnittenen Zwiebeln in 1 EL Butter glasig dünsten, die Möhren und den Porree in kleine Streifen schneiden und in den Topf dazugeben. Kleine Blumenkohlröschen zum Dünsten dazu geben. Die Fleischbrühe wird in den Topf gegeben – ca. 10 Min. kochen lassen.
- Mit einem Teelöffel wird die Grießmasse geformt und der Suppe beigefügt, weitere 10 Min. ziehen lassen. Feingehackte Petersilie wird über die Suppe gestreut.

ZUTATEN: 3 – 4 PERSONEN

30 g Grieß

1 Eigelb

1 kleine Zwiebel

2 EL Butter

1 Stange Porree

100 g Möhren

1 kleiner Blumenkohl

Salz

Petersilie

⅛ l Wasser

½ l Fleischbrühe (Würfel)

KOHLENHYDRATWAHL

Grieß enthält die Kohlenhydratart, sollten Sie noch eine Hauptspeise wählen, dann aber bitte nur Fleisch, Fisch und Gemüse – eventuell auch Nudeln.

Kartoffel-Gurken-Suppe mit Lachs

ZUTATEN: 2 PERSONEN

1 Salatgurke

3 Kartoffeln

50 g Butter

2 Zwiebeln

1 Brühwürfel (Gemüse)

1 Knoblauchzehe

150 g geräucherter Lachs

1 Bund Dill

Salz

Pfeffer

1 l Wasser

ZUBEREITUNG

- ½ Gurke, Kartoffeln, Zwiebeln und Knoblauch grob zerteilen.
- Gemüse mit Butter, Wasser und Brühwürfel garkochen.
- ½ Gurke raspeln und mit Dill in die Suppe geben.
- Lachs in Streifen schneiden und ebenfalls in die Suppe geben.
- Kurz warm werden lassen, mit Salz und Pfeffer abschmecken.

VARIANTE:

Huhn oder Pute.

KOHLENHYDRATWAHL

Die Suppe enthält schon als Kohlenhydrat Kartoffeln. Das Hauptgericht dürfte nur Kartoffeln enthalten.

Kohlsuppe

ZUBEREITUNG

- Alle Gemüsesorten zerkleinern und mit Wasser bedeckt in einem großen Topf heiß werden lassen.
- Solange köcheln lassen, bis das Gemüse bissfest ist.
- Würzen. Wer mag, kann ein wenig Soja-Sauce dazugeben.

VARIANTE:

Wer einen kräftigeren Geschmack möchte, gibt Fleischstücke dazu.

ZUTATEN: 3 – 4 PERSONEN

3 gr. Zwiebeln

1 gr. Tomate

1 kl. Kohlkopf

1 Pepperoni ohne Kerne

2 Paprika

1 Stangensellerie

3 – 4 Möhren

Gemüsebrühe

Kümmel

Salz

Pfeffer

1 l Wasser

KOHLENHYDRATWAHL

Sie können nach Belieben entscheiden.

Thailändische Kokosnusssuppe mit Hähnchenbrust

ZUTATEN: 4 PERSONEN

Alle aus dem Asiashop:

1 l Kokosmilch (natur, ohne Konservierungsstoffe, am besten Tetra-Pali)

1 Bund Zitronengras

1 Galgant (ca. daumenlang und -breit)

6 frische Limonenblätter

4 frische rote kleine Chilischoten – scharf

1 Rote Zwiebel

200 g Austernpilze oder Champignons

500 g Hähnchenbrustfilet

120 g Kirsch-Tomaten

4 EL Fischsauce (nach kurzem Aufkochen verschwindet der eigenartige Geruch)

2 Bund Koriander, frisch

1 TL Palmzucker (wenn nicht vorhanden – brauner Zucker)

ZUBEREITUNG

- Das Zitronengras waschen, mit einem schweren Messer drücken und dann in ca. 3 cm lange Stücke schneiden.
- Den Galgant und die Limonenblätter waschen und in dünne Scheiben schneiden.
- Alles zusammen mit der Kokosmilch, Fischsauce und dem Palmzucker für ca. 10 Minuten köcheln lassen.
- Durch ein Sieb geben, dabei den Fond aufbewahren.
- Gewürze dazugeben.
- Die Hähnchenbrust in Streifen schneiden.
- Zwiebel, Austernpilze und Chili zerkleinern.
- Alles im Fond aufkochen und 5 Minuten ziehen lassen.
- Mit halben Kirsch-Tomaten, kleingerupftem Koriander und Limonensaft würzen.

VARIANTEN:

Man kann die Suppe auch sehr gut mit Scampi oder hellem Fischfilet zubereiten.

KOHLENHYDRATWAHL

Die Kohlenhydratart ist Zucker. Sie könnten sich danach noch eine Süßspeise gönnen.

Erbsensuppe

ZUBEREITUNG

- Die Erbsen werden 24 Stunden in 2 ½ Liter Wasser geweicht.
- Am nächsten Tag werden die Erbsen im gleichen Wasser zum Kochen gebracht.
- Porree, Sellerie und Zwiebeln zerkleinern und zu den Erbsen geben.
- Der Speck und das Schweinefleisch grob würfeln und ebenfalls in die Suppe geben.
- Die Suppe wird ca. 3 Stunden bei kleiner Flamme gekocht.
- Den Speck wieder herausnehmen. Mit Salz und Pfeffer abschmecken und das zerkleinerte Sellerieblatt dazugeben.

ZUTATEN: 3 – 4 PERSONEN

400 g getrocknete Erbsen

500 g Porree

250 g Knollensellerie

1 Zwiebel

500 g Schweinefleisch

300 g magerer Speck

2 ½ Liter Wasser

Salz

Pfeffer

1 Sellerieblatt

KOHLENHYDRATWAHL

Es ist auch möglich, ohne Kartoffeln eine köstliche Erbsensuppe zu kochen. Kartoffeln wären eine zusätzliche Kohlenhydratart, wobei viele Menschen diese Kombination (Erbsen und Kartoffeln) ohne Beschwerden vertragen können. Probieren Sie es einfach einmal aus, ob Sie durch diese Suppe Sodbrennen oder einen Allergieschub bekommen – oder gar zunehmen.

Vorspeisen

Was in der guten Musik die Ouvertüre ist, ist bei einem guten Essen die Vorspeise. Heutzutage werden Vorspeisen meist nur noch zu besonderen Anlässen gereicht. Sie sollen appetitanregend sein und sind meist so reichhaltig, dass man auf das Hauptgericht verzichten könnte.

Pfannkuchen mit Schafskäse

ZUTATEN: 4 PERSONEN

Teig:

200 g Mehl

100 g Wasser

10 g Hefe

1 Prise Salz

Füllung:

200 g Schafskäse

2 geschlagene Eier

Pfeffer

ZUBEREITUNG

- Die Zutaten für den Teig vermengen, 45 Min. gehen lassen, dann ca. 2 mm dick ausrollen.
- Für die Füllung: Den Schafskäse in kleine Würfel schneiden und mit den Eiern gut vermengen, mit Pfeffer würzen.
- 10 x 10 cm große Quadrate ausschneiden, einen Esslöffel von der Füllung in die Mitte geben und die Ränder zudrücken.
- Dann goldgelb frittieren.

KOHLENHYDRATWAHL

Die Kohlenhydratwahl ist Mehl. Es wäre möglich, helles Brot dazuzuessen. Sollte der Hunger noch nicht gestillt sein, könnten Nudeln zum Hauptgericht serviert werden – oder Fleisch, Fisch, Gemüse mit Brotbeilage.

Überbackene Kartoffeln

ZUBEREITUNG

- Die Kartoffeln werden gebürstet und 15 Min. in Salzwasser gekocht.
- Die noch heißen Kartoffeln der Länge nach halbieren und auf das eingefettete Backblech legen.
- Reiben Sie jetzt den Käse.
- Die Zwiebeln und der Knoblauch werden gewürfelt.
- Verrühren Sie den Quark mit den Knoblauch- und Zwiebelwürfeln und dem Käse, würzen Sie mit Salz, Pfeffer und Muskatnuss.
- Legen Sie nun jeweils ein Stück Bacon-Scheibe auf eine Kartoffelhälfte. Darauf jeweils einen gehäuften Teelöffel Käsecreme.
- Im vorgeheizten Backofen bei 225 °C etwa 15 Min. überbacken.

ZUTATEN: 4 PERSONEN

1 kg Kartoffeln

50 g Butter für das Blech

100 g mittelalter Goudakäse

1 Bund Frühlingszwiebeln

1 Knoblauchzehe

200 g Quark

1 Päckchen Bacon (Frühstücksspeck 150 g)

Salz

Pfeffer

Muskatnuss

KOHLENHYDRATWAHL

In diesem Fall ist die Kohlenhydratart schon mit der Vorspeise vergeben, es kann als Hauptgericht nur noch Fleisch (Fisch, Huhn) und Gemüse gegessen werden. Die Kartoffel-Gurken-Suppe könnte ebenfalls eine Vorspeise sein. Manchen reicht diese Vorspeise auch als ganze Mahlzeit.

Blätterteig-Schnecken

ZUTATEN: 40 STÜCK

300 g tiefgefrorener Blätterteig

Mehl für die Arbeitsfläche

100 g schwarze Olivenpaste

1 Eigelb

ZUBEREITUNG

- Die Blätterteigplatten nebeneinander auf einer leicht bemehlten Arbeitsfläche auftauen lassen.
- Ausrollen und mit Olivenpaste bestreichen, aufrollen und in ½ cm dicke Scheiben schneiden und mit der Endkante aufs Backblech legen. Mit Eigelb bestreichen.
- Im Backofen bei 200 °C ca. 10 Min. backen.

KOHLENHYDRATWAHL

Blätterteig enthält Mehl. Es sind nur Kohlenhydratkombinationen mit Nudeln oder Brot möglich.

Käsesoufflé

ZUTATEN: 4 PERSONEN

4 Eier

3 Eiweiß

300 g mittelalter Gouda

Butter für die Form

ZUBEREITUNG

- Die Eier trennen, alle 7 Eiweiße zu festem Eischnee schlagen, die Eigelbe unterrühren.
- Den Käse raspeln und unterheben.
- Die Masse in eine backfeste Form füllen.
- 40 – 45 Min. backen bei 175 °C.

KOHLENHYDRATWAHL

Kann als Vorspeise gegessen werden. Es kann dazu ein Glas Wein getrunken werden (jede Kohlenhydratmöglichkeit ist offen, weil bisher kein Kohlenhydrat verwendet wurde).

Melone mit Parmaschinken

ZUTATEN: 4 PERSONEN

¼ Honigmelone pro Person

8 Scheiben Parmaschinken

ZUBEREITUNG

- Die Honigmelone in 8 Teile zerteilen.
- Jeweils mit einer Scheibe Schinken belegen.

KOHLENHYDRATWAHL

Die Honigmelone enthält die Kohlenhydratart. Das Hauptgericht könnte aus Fleisch, Fisch oder Huhn und Gemüse bestehen (eine andere Möglichkeit wäre Gemüse mit Käse überbacken). Die Honigmelone enthält Zucker – die Thailändische Kokosnusssuppe könnte z.B. als Hauptgericht kombiniert werden. Sollte der Hunger groß sein, wäre als Nachtisch auch noch eine Süßspeise erlaubt.

Avocado mit Krabbenfüllung

ZUBEREITUNG

- Die Avocado wird in zwei Hälften geteilt.
- Das Ei wird hart gekocht.
- Die Krabben, Mayonnaise und das Eigelb werden miteinander vermischt und mit den Gewürzen abgeschmeckt.
- Diese Masse wird in die Steinhöhlen der Avocado gefüllt.

ZUTATEN: 2 PERSONEN

1 Avocado

Krabben

1 gekochtes Eigelb

Mayonnaise

Zitronensaft

Salz

Pfeffer

KOHLENHYDRATWAHL

Bisher keine. Wählen Sie selbst.

Quarkdip mit frischem Gemüse

ZUTATEN: 4 PERSONEN

Dip:

500 g Magerquark

1 EL Tomatenmark

1 Zwiebel

50 g Butter

Salz

Pfeffer

Frischer Schnittlauch

Verschiedene rohe Gemüse:

Möhren

Paprika

Kohlrabi

Sellerie

Chicorée

ZUBEREITUNG

Dip:

- Den Quark mit Mineralwasser aufschlagen, damit er schön luftig wird.
- Kräuter, Tomatenmark, Salz, Pfeffer und kleingehackte Zwiebeln unterrühren.
- Der Quark schmeckt noch besser, wenn ein wenig zerlaufene Butter untergerührt wird.

Gemüse:

- Gemüsestangen herstellen aus verschiedenen Rohkostgemüsen: Möhrenstangen, Paprikastreifen, Chicoreeblätter, Kohlrabistangen, Selleriestangen.

BEILAGEN:

Gekochte Eier, Schinken, Hackbällchen und Brot.

VARIANTE:

Dipp: 2 Avocado, 1 Dose Thunfisch u. 1 EL Öl (musen und verrühren).

KOHLENHYDRATWAHL

Sollten Sie noch ein Hauptgericht wählen, dann bitte ohne weitere Kohlenhydrate, wenn Sie Brot zum Dip gegessen haben. Bestenfalls würden Nudeln dazu passen. Eine Suppe, die mit Mehl angedickt ist, würde auch keine neue Kohlenhydratart dazubringen. Kombiniert mit Fleisch, Fisch, Huhn und Ei und Gemüse treffen Sie die richtige Auswahl.

Maultaschen

ZUBEREITUNG

Zwiebelsauce:

- Kleingeschnittene Zwiebeln mit Knoblauch, Salz, Pfeffer und Petersilie würzen und in einer Pfanne mit Butter anbraten.

Füllung:

- Brot, Spinat, Eier und das kleingeschnittene Schweinefleisch im Mixer zu Brei verrühren.

Teig:

- Den Teig herstellen und ausrollen, es werden ca. 10 – 12 Teigtaschen daraus entstehen, dann die Füllung in die Mitte geben, an den Rändern zusammendrücken, eventuell noch festigen mit einem Gabeldruck. Die Teigtaschen mit Eigelb bestreichen und ca. 8. Min. in kochendem Salzwasser garen.
- Die Teigtaschen werden mit der Zwiebelsauce kalt oder warm serviert.

KOHLENHYDRATWAHL

Wählt man nun eine Hauptspeise, sollte man sich nur für Eiweiß und Gemüse entscheiden, die Kohlenhydratart ist durch die Maultaschen schon verbraucht. Wird ein Salat zu den Maultaschen serviert, haben Sie eine vollwertige Mahlzeit.

ZUTATEN: 4 PERSONEN

Teig:

200 g Mehl

7 Eigelb

Gewürze:

Pfeffer

Salz

Muskatnuss

Füllung:

500 g Schweinefleisch

4 Eier

1 EL Butter

2 Gemüsezwiebeln

¼ Kastenweißbrot, ohne Rinde in kleine Würfel geschnitten

300 g Spinat

2 Knoblauchzehen

1 Bund Petersilie

Gebratene Sellerie-Scheiben

ZUTATEN:

1 Knolle Sellerie

5 EL Mehl

Butter

Salz

ZUBEREITUNG

- Schneiden Sie die Sellerieknolle in kleine Scheibenstücke, salzen Sie diese, befeuchten Sie die Scheiben mit Wasser und wenden diese in Mehl.
- Geben Sie die Butter in die Pfanne und legen Sie die Selleriescheiben in das Fett und braten diese gut durch.

BEILAGE:

- Sie können dieses köstliche Gemüse auch mit einem Stück Fleisch als Hauptmahlzeit servieren.

VARIANTEN:

- Es ist nicht unbedingt erforderlich, den Sellerie in Mehl zu wenden – er schmeckt auch sehr gut nur in Butter angebraten.

KOHLENHYDRATWAHL

Das Selleriegemüse wurde in Mehl gewendet – damit haben Sie die Kohlenhydratart schon gewählt. Nudeln oder Brot wären jetzt als Kombination noch möglich.

Tomaten-Knoblauchbrot (Bruschetta)

ZUBEREITUNG

- Den Backofen auf 250 °C vorheizen.
- Die Tomaten evtl. häuten, das Fruchtfleisch in kleine Stücke schneiden, kleine Basilikumstreifen, Öl, Salz und Pfeffer miteinander vermischen.
- Das Brot kurz im Backofen erwärmen, mit Knoblauch würzen, ein wenig Olivenöl darübergeben.
- Die Tomatenmischung auf die Brote verteilen und in den Backofen schieben.
- Die Brote werden möglichst warm serviert.

ZUTATEN: 4 PERSONEN

2 Knoblauchzehen

2 Fleischtomaten

Ciabatta oder Weizenbrot

4 EL Olivenöl

Salz

Pfeffer

Basilikum

KOHLENHYDRATWAHL

Das Brot ist in diesem Fall die Kohlenhydratart. Eine Hauptspeise könnte nur noch aus Eiweiß und Gemüse bestehen, oder es könnte dazu weiterhin ein wenig Brot gereicht werden.

Salate

Salatbars erfreuen sich immer größerer Beliebtheit. Salate sind leicht bekömmlich, ballastreich und kalorienarm. Darüber hinaus sind sie außerordentliche Vitaminspender. Vielen Menschen (besonders dem weiblichen Geschlecht) reicht Salat als vollständige Mahlzeit aus und das zeitaufwendige Kochen entfällt. Aber Vorsicht, nicht jedes Dressing passt zur Impuls-Ernährungsweise. Sollten Sie sich unsicher sein, bestellen Sie lieber Essig und Öl – sonst haben Sie den Salat.

Putenbrustsalat

ZUTATEN: 4 PERSONEN

Putenbrust

Emmentaler Käse

Weißer Weinessig

Schnittlauch

Senf

Weißer Pfeffer

1 TL Öl

ZUBEREITUNG

- Putenbrust und Käse in kleine Streifen schneiden.

VINAIGRETTE:

- Weißer Weinessig, Spur Senf, weißer Pfeffer, Öl durchziehen lassen und mit Schnittlauch bestreuen.

KOHLENHYDRATWAHL

Bisher noch keine.

Bohnensalat

ZUBEREITUNG

- Prinzessböhnchen in Salzwasser garen lassen.

VINAIGRETTE:

- Schalotten andünsten, schwarzer Pfeffer, Weinessig, Worcester-Sauce, warm dazugeben und durchziehen lassen.

ZUTATEN: 4 PERSONEN

500 g Prinzessböhnchen

Pfeffer

4 Schalotten

Worcester-Sauce

Weinessig

KOHLENHYDRATWAHL

Bisher noch keine.

Grüner Salat mit Sahnesauce

ZUTATEN: 4 PERSONEN

2 Salatköpfe oder

1 Eisbergsalat

125 g süße Sahne

1 Zitrone

Milchzucker

ZUBEREITUNG

- Der Salat wird gereinigt und zerkleinert.
- Die Sahne geben Sie in eine Rührschüssel, schlagen Sie kurz mit dem Schneebesen an, so dass ein wenig Volumen entsteht. Der Zitronensaft wird untergerührt, mit Milchzucker kann ein wenig nachgesüßt werden.

KOHLENHYDRATWAHL

Sahne enthält Milchzucker, von daher bleibt man bei der gleichen Kohlenhydratart, wenn man mit Milchzucker nachsüßt.
Dieser Salat kann ebenso als Gemüse zum Hauptgericht gegessen werden (bitte jedoch keine weitere andere Kohlenhydratart dazu). Hauptgericht: Fleisch, Fisch, Gemüse – z.B. Lachs mit Gemüse und Creme fraîche.
Anstatt Sahne können Sie auch lactosefreie Sahne verwenden, dann wäre die Kohlenhydratart Zucker! Als Hauptspeise eine Gemüsesuppe oder die Thailändische Suppe und eine Nachspeise wären dann auch noch möglich.

Endiviensalat

ZUBEREITUNG

- Die Endivie zerkleinern, die Tomaten achteln.

VINAIGRETTE:

- Den Kräuteressig mit Olivenöl, Thymian, Majoran, gehacktem Rosmarin und Salz und Pfeffer verrühren und über den Salat geben.

ZUTATEN: 3 – 4 PERSONEN

1 Endivie

3 kleine Tomaten

1 EL Kräuteressig

1 TL Öl

Thymian

Majoran

Rosmarin (wer mag)

Salz

Pfeffer

KOHLENHYDRATWAHL

Bisher keine.

Weißkohlsalat

ZUTATEN: 4 PERSONEN

½ Weißkohl

4 Tomaten

1 EL Öl

2 EL Essig

2 EL Wasser

Kümmel

Salz

Pfeffer

ZUBEREITUNG

- Den Weißkohl raspeln und die Tomaten klein schneiden.

SAUCE:

- Öl, Essig und Wasser durchrühren, mit Kümmel (oder Kapern), Salz und Pfeffer abschmecken.
- Über den Weißkohl geben und 2 Std. ziehen lassen.

KOHLENHYDRATWAHL

Bisher noch keine.

Pikanter Römersalat

ZUBEREITUNG

- Die Salate zerkleinern, Tomaten und Gemüsezwiebel kleingeschnitten dazugeben, ebenfalls den Rosmarin.
- Die Sardellen unter kaltem Wasser abspülen, 1 EL Öl und die Sardellen in einen Topf geben, wärmen und solange umrühren, bis sich die Sardellen auflösen, dann mit Salz und Pfeffer abschmecken.
- Die Sardellensauce kann heiß oder kalt gegessen werden.
- Wer möchte, kann sich auch noch ein wenig Parmesankäse darüberstreuen.

BEILAGE:

Als Beilage kann Knoblauchbrot oder Ciabatta gereicht werden.

KOHLENHYDRATWAHL

Dieses Gericht kann eine Vorspeise, für manche aber auch eine Hauptmahlzeit sein. Die Beilage Brot ist die Kohlenhydratart. Es dürfte zum Hauptgericht noch eine Kohlenhydratart gewählt werden, wenn das Brot weggelassen wird – oder das Hauptgericht bestünde nur aus Gemüse und Eiweiß. Eine andere Möglichkeit wäre, die Vorspeise ohne Brot und einen Nachtisch hinterher zu essen.

ZUTATEN: 3 – 4 PERSONEN

1 Kopf Römersalat

1 Bund Rucolasalat

4 Tomaten

1 Gemüsezwiebel

1 Röhre Sardellen in Salz, oder eine Dose

1 EL Öl

1 Zweig Rosmarin

Salz

Pfeffer

Italienischer Salat

ZUTATEN: 4 PERSONEN

500 g grüne Bohnen, am besten lange, feine Prinzessbohnen

1 Blumenkohl

1 Bündel grüner Spargel

4 Fleischtomaten

1 Gemüsezwiebel

1 grüne Paprika

1 rote Paprika

1 gelbe Paprika

1 Aubergine (wer mag)

1 Zucchini

5 Knoblauchzehen

Bohnenkraut

KOHLENHYDRATWAHL

Die Kohlenhydratart wäre Brot. Anstatt Brot können Sie auch ein Glas Rotwein wählen.

ZUBEREITUNG

- Den Blumenkohl kochen, so daß er noch Biss hat, Tomaten und Zucchini (und Aubergine) in Scheiben schneiden, 1 EL Öl in eine große Pfanne geben – das Gemüse beidseitig kurz anbraten.
- Das Gemüse kann auf einer großen Platte angerichtet werden.
- Dann die Bohnen waschen, die Enden abschneiden, 3 EL Öl in einen Schmortopf gegeben, 5 kleingehackte Knoblauchzehen und die Bohnen in den Topf gegeben. Alles wird geschmort. Wenn das Öl zu heiß wird, geben Sie ein wenig Wasser dazu. Wenn die Bohnen weich sind, mit Bohnenkraut, Salz und Pfeffer abschmecken.
- Die Bohnen werden in eine Schale gegeben.
- Vom Spargel das holzige Ende entfernen, er wird in kochendem Salzwasser 4 – 5 Minuten gegart.
- Die kleingeschnittenen Paprikastreifen kurz in Öl anbraten.

Dazu können zwei verschieden Dips gereicht werden:

QUARKDIP:

500 g Magerquark, mit Mineralwasser aufschlagen, Salz, Pfeffer, scharfer Senf und 1 Zitrone, 4 Tropfen Tabasko, 1 Messerspitze Currypulver – dann kaltstellen.

KÄSEDIP:

300 g Gorgonzola-Käse mit Wasser in der Pfanne flüssig werden lassen und vier zerkleinerte Knoblauchzehen dazugeben.

BEILAGE:

Dazu würde ich Ciabatta-Brot empfehlen.

Tomatensalat

ZUTATEN: 2 PERSONEN

1 Paket Frischkäse

Kräuter tiefgefroren

6 Tomaten

1 gr. Speisezwiebel

1 Bund Dill

ZUBEREITUNG

- Die Zwiebel und die Tomaten werden in kleine Stücke geschnitten.
- Den Frischkäse mit Kräutern mischen, unterrühren und geschnittene Dillkräuter dazugegeben.

KOHLENHYDRATWAHL

Der Frischkäse enthält Milchzucker, somit könnten Sie Fleisch, Fisch oder Huhn in Sahnesauce mit Gemüse dazu essen – jedoch keine Kartoffeln oder Nudeln! Wein oder eine Nachspeise verzehren Sie bitte erst 2 Stunden später.

Griechischer Salat

ZUTATEN: 2 PERSONEN

10 kleine Cocktail-Tomaten

1 Gurke

1 Eisbergsalat

3 rote Zwiebeln

Fetakäse

Oliven

1 TL Öl

1 ½ EL Essig

Thymian

Salz

Pfeffer

ZUBEREITUNG

- Alle Zutaten in mundgerechte Stücke schneiden und mit der Essig-Öl-Marinade vermengen.

MARINADE:

- Öl und Essig werden miteinander verrührt.
- Der Thymian wird zerkleinert.
- Es wird mit Salz und Pfeffer abgeschmeckt und mit einer Gabel schaumig gerührt.

KOHLENHYDRATWAHL

Vorsicht! Der Fetakäse könnte aus Kuhmilch hergestellt worden sein. Schafskäse enthält keine Kohlenhydratart.

Nizza-Salat

ZUBEREITUNG

- Alles zerkleinern oder in Streifen schneiden.
- Zusammenmischen und mit Öl, Essig, Salz und Pfeffer abschmecken.

VARIANTE:

Ergänzung mit Thunfisch möglich.

ZUTATEN: 2 PERSONEN

2 Tomaten

1 Gurke

2 hartgekochte Eier

10 – 15 grüne und schwarze Oliven

1 Gemüsezwiebel

125 g Gouda- oder Edamer-Käse

125 g gekochter Schinken

2 EL Öl

3 EL Essig

Salz

Pfeffer

KOHLENHYDRATWAHL

Alle Kohlenhydrat-Kombinationen sind noch möglich.

Salat mit Huhn

ZUTATEN: 2 PERSONEN

1 Eisbergsalat

Cherrytomaten

Gegarte Hähnchenbrust (aufgeschnitten)

Salz

Pfeffer

evtl. Curry-Gewürz

Weißbrotbrösel

ZUBEREITUNG

- Die Zutaten mischen und den Salat anrichten.
- Die Weißbrotbrösel in der Pfanne anbraten und darübergeben.

KOHLENHYDRATWAHL

Weißbrotbrösel stellen die Kohlenhydratart. Das Hauptgericht dürfte Nudeln enthalten. Brot kann ebenfalls dazugegeben werden.

Rettichsalat

ZUBEREITUNG

- Den Rettich schälen und in dünne Scheiben schneiden, mit Schinkenwürfeln und Eierscheiben mischen.
- Die Sauce wird aus Essig, Öl, Salz, Pfeffer, Senf und Schnittlauch hergestellt.
- Die Sauce wird mit den anderen Zutaten vermischt.

ZUTATEN: 2 PERSONEN

2 Bund kl. weiße Rettiche

125 g gekochte Schinkenwürfel

2 hartgekochte Eier

2 EL Öl

Salz

Pfeffer

Senf

3 EL Essig

1 Bund Schnittlauch

KOHLENHYDRATWAHL

Zu diesem Salat kann Brot gereicht werden.

Apfel-Käse-Salat

ZUTATEN: 4 PERSONEN

1 Zehe Knoblauch

1 kleine Zwiebel

2 – 3 Äpfel

Salat

Mozzarella oder Ziegenkäse

Evtl. Zitronensaft

1 EL Öl (Kürbiskernöl)

ZUBEREITUNG

- Die Knoblauchzehen sehr klein schneiden.
- Die Zwiebel zerreiben.
- Die Äpfel entkernen und zerreiben
- Salatblätter waschen und zerkleinern.
- Kleine Käsestücke zum Salat geben.
- Kürbiskernöl dazugeben und alles vermengen.

KOHLENHYDRATWAHL

Äpfel. Das Hauptgericht sollte nur aus Fleisch, Fisch, Huhn oder Ei und Gemüse bestehen. Es könnte dazu ein Glas Apfelsaft getrunken werden.

Rohkostsalat mit Avocadodip

ZUBEREITUNG SALAT

- Gemüse putzen bzw. schälen und in Streifen schneiden.

ZUBEREITUNG AVOCADODIP

- Die Avocado halbieren, entkernen und schälen.
- Thunfisch abtropfen lassen.
- Zusammen mit den Avocadohälften und 1 EL Öl pürieren.
- Mit Salz und Pfeffer abschmecken.

BEILAGEN:

Ciabatta oder Baguette.

ZUTATEN: 3 – 4 PERSONEN

Salat:

1 Kohlrabi

2 – 4 Möhren

1 Zucchini

1 Salatgurke

1 Chicorree

Dip:

2 Stück Avocado

1 Dose Thunfisch ohne Öl

1 EL Öl

Salz

Pfeffer

KOHLENHYDRATWAHL

Keine. Die Kohlenhydratart wäre Brot.

Hauptgerichte

Der Höhepunkt eines Essens sollte das Hauptgericht sein. Besondere Festessen sind beispielsweise der Gänsebraten oder das Osterlamm. Auch diese können bei der Impuls-Kost genüsslich verspeist werden. Wer auch an Festtagen am Ernährungsprinzip festhalten möchte, entscheidet sich zum Hauptgericht entweder für die Kartoffel oder für den Wein. Ob Uneinigkeiten und Streitereien am Weihnachtsabend aufkommen, hängt wesentlich von der Essenszusammenstellung ab. Hohe vegetative Typen können aus heiterem Himmel leicht nach einem Essen mit mehreren Kohlenhydratarten explodieren.

Zucchini – gefüllt mit Kartoffeln und Quark

ZUTATEN: 2 PERSONEN

1 Zucchini

100 g Kartoffeln

100 g Magerquark

1 EL Parmesan

1 TL Butter

Zitrone

Petersilie

Salz

Pfeffer

ZUBEREITUNG

- 1 Zucchini der Länge nach durchschneiden, die Kerne mit einem Löffel entfernen, die Innenfläche der Zucchini mit Zitrone beträufeln, in einem Topf garen (nicht zu weich).
- Die gekochten Kartoffeln werden zerdrückt, mit Quark, Gewürzen und Parmesan zu einer Masse verarbeitet.
- Diese wird in die Zucchini gegeben und 10 Min. im vorgeheizten Backofen gebacken. Eine Rinne wird der Länge nach in den Brei gezogen, in diese werden 1 TL Butter und zerhackte Petersilie gegeben.

VARIANTEN:

Wer auf Fleisch nicht verzichten möchte, gibt geräucherte Schinkenwürfel mit in die Breimasse.
Möglich wäre auch, Tofu statt Fleisch einzusetzen.

KOHLENHYDRATWAHL

Die Kartoffel ist in diesem Fall die Kohlenhydratart. Bitte trinken Sie nur Wasser zu diesem Gericht – Wein oder Säfte wären schon wieder eine erneute Kohlenhydratart.

Friesischer Fischsalat

ZUBEREITUNG

- Zwiebeln in Scheiben schneiden und in der Pfanne ohne Fett bräunen.
- Das Fischfilet kurz in Zitronenwasser garen.
- Die Gurken und Tomaten klein schneiden, das Filet zerkleinern, die Kräuter ebenfalls.
- Alle Zutaten werden mit dem Quark gut gemischt und müssen mindestens 1 Stunde ziehen.
- Garnieren kann man mit Zwiebelringen und Dill.

FISCHAUSWAHL:

Kabeljau-, Dorsch-, Seelachsfilet oder auch Heringsfilet können verwendet werden.

ZUTATEN: 3 – 4 PERSONEN

2 Fischfilet (600 g)

2 mittelgroße Zwiebeln

2 Tomaten

2 Essiggurken

Ca. 80 g Magerquark

2 EL Mineralwasser

Dill

Salz

Evtl. Bärlauch

KOHLENHYDRATWAHL

Bisher wurde noch keine Kohlenhydratart verwendet. Kombinieren Sie selbst. Brot oder Kartoffeln dazu, alles ist möglich. Friesischer Fischsalat eignet sich bestens für Buffets.

Gemüsepfanne

ZUTATEN: 2 PERSONEN

100 g Puten-, Hühner- oder Hackfleisch

1 Gemüsezwiebel

2 Tomaten

1 Blumenkohl

2 EL Öl oder Butter

Pfeffer

Salz

ZUBEREITUNG

- Zuerst wird das Gemüse zerkleinert.
- Dann wird das zerkleinerte Fleisch in Öl in der Pfanne angebraten.
- Das Gemüse wird dazugegeben und auf niedriger Flamme geschmort – bis es fast gar ist.

BEILAGEN:

Dazu kann sehr gut Reis gegessen werden, alternativ eine Kartoffel. Wer nicht extra dafür kochen möchte, nimmt ein wenig Brot dazu.

VARIANTE:

Wer kein Fleisch mag, kann sich die Gemüsepfanne auch mit Käse anrichten. Möglich wäre auch Tofu.

KOHLENHYDRATWAHL

Manche mögen lieber etwas Süßes nach dem Essen. Lassen Sie in diesem Fall die Beilage weg und wählen eine Süßspeise – oder ein Gläschen Wein.

Schweinefilet mit Schafskäse

ZUBEREITUNG

- Filets mit Salz und Pfeffer bestreuen, ca. 4x einschneiden, den Käse in Scheiben schneiden und in die Einschnitte stecken. Das gesamte Gemüse zerkleinern.
- 1 EL Öl in eine backofenfeste Schale geben, erhitzen, das Fleisch hineinlegen, mit Salbeiblättern belegen und mit 1 EL Öl beträufeln, die Zitronenbrühe dazugeben.
- 5 – 10 Min. in den vorgeheizten Backofen geben, mit Alufolie abdecken bei 200 °C.
- Das Gemüse dazugeben, 25 – 30 Min. im Backofen weiterbraten lassen.

BEILAGEN:

Besonders gut dazu schmeckt türkisches Fladenbrot, es kann aber auch Reis dazu serviert werden.

ZUTATEN: 2 PERSONEN

Ca. 300 g Schweinefilet

100 g Schafskäse (kein Fetakäse aus Kuhmilch)

100 g Strauchtomaten

1 gelbe Paprikaschote

1 Bund Lauchzwiebeln

½ Gemüsezwiebel

2 EL Olivenöl

Brühe mit Zitronensaft

Salz

Pfeffer

Frischer Salbei

KOHLENHYDRATWAHL

Wer danach lieber etwas Süßes möchte, lässt die Beilage liegen und orientiert sich bei den Nachspeisen. Für manche reicht ein Stück Schokolade oder Obst, manch einer trinkt lieber ein Gläschen Wein dazu.

Hähnchenkeulen auf italienische Art

ZUTATEN: 4 PERSONEN

4 Hähnchenkeulen

1 gr. Dose geschälte Tomaten

Olivenöl

1 gr. Gemüsezwiebel

1 gr. Knoblauchzwiebel

1 Sträußchen Rosmarin

Thymian

Majoran

Muskatnuss

Salz

Pfeffer

ZUBEREITUNG

- Die Haut wird von den Keulen abgezogen, das Fett abgeschnitten, die Keulen werden mit einer Tasse Wasser im Schmortopf angebraten.
- Die kleingehackte Gemüsezwiebel, je 1 Zweiglein Rosmarin, Thymian und Majoran, 3 gehackte Knoblauchzehen, Salz und Pfeffer, 1 TL Olivenöl und die zerkleinerten Tomaten werden in den Schmortopf zu den Hähnchenkeulen gegeben.
- Bei kleiner Flamme 45 Min. schmoren. Wenn nötig, wird ein wenig Wasser nachgefüllt.

BEILAGEN:

Dazu können Ciabatta, Nudeln, Reis oder Kartoffeln, je nach Geschmack, serviert werden.
Als Gemüsebeilage z. B. Brokkoli oder Blumenkohl oder ein Endiviensalat – besonders gut dazu schmecken auch grüne Bohnen.

KOHLENHYDRATWAHL

Wählen Sie eine der Beilagenmöglichkeiten aus.

Eier-Omelett

ZUBEREITUNG

- Die Butter in der Pfanne zerfließen lassen.
- Zur geschlagenen Eimasse das Krabbenfleisch, Salz, Pfeffer und Schnittlauch geben und in die Pfanne hineingießen, so dass der Boden gerade bedeckt ist.
- Ca. 1 Min. stocken lassen, die Pfanne anheben und ein wenig schütteln, den einen Rand umklappen, kurz wieder auf die Herdplatte stellen, mit der Gabel den anderen Rand überheben und dann umgedreht auf einen Teller füllen.

ZUTATEN: 2 PERSONEN

3 Eier

10 g Butter

50 g Krabbenfleisch

Salz

Pfeffer

Schnittlauch

BEILAGEN:

Dazu können Sie Brot oder Kartoffeln servieren. Salat und Gemüse sind als Vitaminspender zu empfehlen.

KOHLENHYDRATWAHL

Beilagen wie Brot oder Kartoffeln enthalten die jeweilige Kohlenhydratart.

Putenschnitzel mit Balsamico-Sauce

ZUTATEN: 4 PERSONEN

2 Putensteaks
(ca. 160 – 180 g)

1 EL Öl

3 EL Balsamico- Essig

1 Tasse gekörnte Brühe

½ Bund Salbei

Salz

Pfeffer

ZUBEREITUNG

- Die Putensteaks salzen und pfeffern und in heißem Öl von jeder Seite 4 Min. braun anbraten.
- Salbei hinzufügen, mit Balsamico-Essig ablöschen, mit gekörnter Brühe aufgießen und weitere 5 Minuten köcheln lassen.

BEILAGEN:

Kartoffeln oder Reis – Gemüse aller Arten.

KOHLENHYDRATWAHL

Kartoffeln oder Reis.

Fenchel überbacken

ZUBEREITUNG

- Den Fenchel kochen, danach in dicke Scheiben schneiden.
- Eine feuerfeste Form mit Fett ausstreichen, die Fenchelscheiben in die Form geben und mit Tomatenscheiben belegen, mit Gewürzen und Kräutern bestreuen, dann Käseraspel darübergeben, ½ Tasse Wasser dazugeben.
- Bei 180 °C im Backofen backen, bis der Käse geschmolzen und leicht gebräunt ist.

BEILAGEN:

Hierzu passt Reis oder Brot.

ZUTATEN: 2 PERSONEN

2 Fenchel

6 Fleischtomaten

120 g Gouda-Käse

Thymian

Frischer Dill

Salz

Pfeffer

KOHLENHYDRATWAHL

Die Beilage liefert die Kohlenhydratart.

Spaghetti mit Petersilien-Pesto

ZUTATEN: 4 PERSONEN

200 g Spaghetti

4 EL Olivenöl

1 EL Pinienkerne

1 EL geriebener Parmesan

1 Bund Petersilie

1 Knoblauchzehe

Salz

ZUBEREITUNG

- Die Petersilie hacken und mit Knoblauch, Parmesan, Pinienkernen und Salz im Mixer pürieren.
- Das Öl unterrühren und das Pesto über die gekochten Spaghetti geben.

BEILAGEN:

Tomatensalat mit Schafskäse. Zu Spaghetti darf auch helles Brot gegessen werden.

KOHLENHYDRATWAHL

Nudeln und Brot dürfen kombiniert werden.

Aubergine überbacken

ZUBEREITUNG

- Die Aubergine in Scheiben schneiden und im Topf vorgaren.
- Eine feuerfeste Form mit Fett bestreichen, darin die Auberginescheiben verteilen, Tomatenscheiben, Zwiebeln und den kleingeschnittenen Knoblauch darüber geben, den Käse raspeln.
- Im Backofen bei 200 °C backen, bis der Käse gelbbraun geworden ist.

ZUTATEN: 2 PERSONEN

1 Aubergine

4 Fleischtomaten

3 Knoblauchzehen

2 Zwiebeln

100 g Gouda-Käse

2 EL Öl

BEILAGEN:

Hierzu kann Brot oder Reis serviert werden.

KOHLENHYDRATWAHL

Wählen Sie aus. Vielen würde sicherlich ein Glas Rotwein besonders gut dazu schmecken, dann müssten Sie aber auf andere Beilagen verzichten.

Spinat-Lauch-Omelett

ZUTATEN: 2 PERSONEN

500 g Spinat

1 Bund Lauchzwiebeln

1 EL Butter

3 Eier

100 g geriebener Hartkäse

150 g Krabbenfleisch

Salz

Pfeffer

ZUBEREITUNG

- Den Spinat aufkochen.
- Die Lauchzwiebeln putzen und zerkleinern, die Butter in der Pfanne erhitzen, (wer mag, kann Knoblauch dazugeben). Die Lauchzwiebeln und den Spinat unter Wenden braten, bis die Flüssigkeit verdampft ist. Mit Salz und Pfeffer würzen.
- Die Eier mit Salz und Pfeffer und dem Käse verquirlen, den Spinat unterheben.
- Jeweils die Hälfte der Masse in erhitzter Butter in einer Pfanne backen (bei kleinster Hitze, ca. 6 Min).
- Danach die Krabben auf das Omelett geben und servieren.

BEILAGEN:

Als Beilage können Brot oder Kartoffeln gewählt werden.

KOHLENHYDRATWAHL

Sollte Sie anstatt der Beilagen Appetit auf ein Glas Milch haben – so ist auch diese Wahl möglich.

Lasagne mit Zucchini und Spinat

ZUBEREITUNG

- Zucchini, Blattspinat und kleingehackte Zwiebeln getrennt 5 Min. in Wasser dünsten.
- Tomaten und Mozzarella in Scheiben schneiden, die Auflaufform mit Öl auspinseln.
- In Schichten in die Form geben: Gemüse, Lasagneblätter, dann Tomaten- und Mozzarellaschicht, wieder Lasagneblätter. Die oberste Schicht sollte aus Tomaten und Mozzarella bestehen (Salz und Pfeffer zwischendurch nicht vergessen). Über das Ganze wird eine Tasse Gemüsebrühe gegeben.
- Die Lasagne 15 Min. im vorgeheizten Backofen bei 200 °C backen – bis der Käse goldbraun ist.
- Zum Schluss wird ein wenig Muskatnuss über die Lasagne gestreut.

BEILAGE:

Salat.

ZUTATEN:

1 Paket Lasagneblätter

2 große Tomaten

2 Zucchini

1 Gemüsezwiebel

1 Gefrierpackung Blattspinat

Gemüsebrühe

2 Päckchen Mozzarella

Muskatnuss

Salz

Pfeffer

KOHLENHYDRATWAHL

Die Nudeln sind schon im Hauptgericht verarbeitet. Wenn es unbedingt sein muss, könnten Sie eine Scheibe helles Brot dazuessen – trinken Sie jedoch keinen Wein oder Fruchtsaftgetränke.
Mit einer weiteren Kohlenhydratart warten Sie bitte ca. 2 Stunden.
Ihr Körper wird es Ihnen durch Wohlbefinden lohnen!

Schmorgurken mit Hack

ZUTATEN: 2 PERSONEN

2 Schmorgurken

1 Zwiebel

1 EL Butter

300 g Rinderhack

1 Fleischtomate

2 EL Creme fraiche, lactosefrei

1 Tasse Gemüsebrühe oder Wasser

Salz

Pfeffer

1 Bund Dill

ZUBEREITUNG

- Die Gurken schälen, in kleine Stücke schneiden, die Zwiebeln zerkleinern.
- Die Butter wird in der Pfanne erhitzt, die Zwiebeln gedünstet, die Gurkenstücke für ca. 2 Min. dazugegeben und geschmort.
- Die Gemüsebrühe wird dazugegeben, dann alles gesalzen und gepfeffert.
- 15 Min. muss alles schmoren. Dann werden der zerkleinerte Dill und die Creme fraiche untergerührt. Die Tomatenstückchen folgen zuletzt.

BEILAGEN:

Als Beilage kann Brot oder Kartoffel gewählt werden.

KOHLENHYDRATWAHL

Ist in der Beilage enthalten.

Hühner-Pastete

ZUBEREITUNG

- Das Brathuhn im Ofen backen (vorher mit Salz und Pfeffer bestreuen) ca. 1 Std. bei 200 °C .
- Das Huhn von Knochen und Haut befreien.
- Das Fleisch zerkleinern.
- Den Spargel und die Möhren in 2 Tassen Wasser im Topf gar kochen, das Hackfleisch dazugeben, mit Butter verfeinern.
- Die Pasteten werden im Backofen vorgewärmt.
- Das Frikassee wird in die Pasteten gefüllt und mit Petersilie garniert serviert.

BEILAGEN:

Die Pasteten enthalten Mehl, somit wäre nur eine neutrale Beilage wie Salat möglich oder eine Suppe vorweg oder eine Vorspeise ohne Kohlenhydrat.

ZUTATEN: 3 – 4 PERSONEN

1 Brathuhn

500 g Spargel

3 Mohrrüben

Fertig gekaufte Pasteten

1 EL Butter

Salz

Pfeffer

Petersilie

KOHLENHYDRATWAHL

Die Pastete enthält Mehl, somit ist die Kohlenhydratart ausgewählt.

Überbackene Schinkennudeln

ZUTATEN: 4 PERSONEN

Nudeln (ca. 250 g)

150 g gekochter Schinken

100 g geraspelter Käse (Leerdamer)

1 EL Butter

4 Tomaten

1 Zwiebel

Salz

Pfeffer

Knoblauch

1 Bund Petersilie oder Kräutermischung

100 g Champignons

ZUBEREITUNG

- Die kleingeschnittenen Zwiebeln in Butter anbraten.
- Schinken und Champignons ebenfalls klein schneiden und in die Zwiebelpfanne geben. Zuletzt die Tomaten (Tomatenstücke aus dem Glas oder der Dose sind auch möglich) in die Pfanne geben.
- Zwischenzeitlich werden die Nudeln gekocht.
- Jetzt wird alles vermischt, in eine backfeste Schale gegeben und mit Käseraspeln bestreut.
- In den vorgeheizten Backofen geben. Bei 200 °C backen – so lange, bis der Käse gebräunt ist.

VARIANTE:

Hackfleisch anstatt Schinken.

BEILAGEN:

Dazu kann ein Salat serviert werden.

KOHLENHYDRATWAHL

Kohlenhydratart sind bei diesem Gericht die Nudeln.

Weißkohlpudding

ZUBEREITUNG

- Den Weißkohl zerkleinern und in Wasser weich kochen.
- Danach am besten durch den Fleischwolf ziehen, ansonsten im Mixer zerkleinern.
- Das Hackfleisch würzen.
- Schichtweise den Weißkohl abwechselnd mit dem Hackfleisch in eine verschließbare Puddingform (vorher einfetten) geben (es handelt sich hierbei um eine dünne Blechform, die ins Wasserbad in geschlossener Form gestellt werden kann).
- Ca. 1 Std. hält man das Gefäß mit Inhalt kochend im Wasserbad. Der Fleischgeschmack zieht dann besonders gut in den Weißkohl.

ZUTATEN: 4 PERSONEN

1 Weißkohl

1 kg Rinderhackfleisch

Salz

Pfeffer

Kümmel

BEILAGEN:

Es können dazu noch Kartoffeln serviert werden.

KOHLENHYDRATWAHL

Wer keinen Appetit auf Kartoffeln hat, kann auch nur ein wenig helles Brot dazu essen.

Kohlrouladen mit Wirsing

ZUTATEN: 4 PERSONEN

8 große Wirsingkohlblätter

100 g Zwiebeln

1 EL Butter

400 g gemischtes Hackfleisch

1 Ei

2 Fleischbrühwürfel

Salz

Pfeffer

Paprikagewürz

Petersilie

Ein wenig Knoblauch

ZUBEREITUNG

- Die Wirsingkohlblätter ca. 2 Min. in kochendes Salzwasser legen, danach kurz unter kaltem Wasser abspülen.
- Das Hackfleisch zubereiten: mit feingehackten Zwiebeln, den Gewürzen, der Petersilie und dem Ei vermengen.
- Die Hackmasse auf vier Portionen verteilen, in doppeltgelegte Kohlblätter hineinrollen. Evtl. mit einem Holzstick fixieren.
- Die Wirsingrouladen kurz in Butter in der Pfanne auf allen Seiten anbraten, dann in eine feuerfeste Form legen, in Wasser gelöste Fleischbrühwürfel darüber gießen.
- Im vorgeheizten Backofen bei 200 °C wird das Gericht ca. 25 – 30 Min. gegart (sollte der Kohl zu dunkel werden, zwischenzeitlich mit Alufolie abdecken).

VARIANTE:

Statt Wirsing ist auch Weißkohl möglich.

BEILAGEN:

Dazu können Kartoffeln serviert werden. Den Sud kann man als Sauce verwenden. Wenn Sie diese andicken wollen, dann aber bitte mit Kartoffelmehl, damit Sie bei der gleichen Kohlenhydratart bleiben. Manche mögen lieber Reis dazu, Saucen zum Reis dickt man mit Reismehl an.

Spitzkohl mit Schinken

ZUBEREITUNG

- Den Spitzkohl zerkleinern und mit wenig Wasser in einem Topf garen.
- Salz, Pfeffer Kümmel, Butter und den kleingeschnittenen Schinken dazugeben.

BEILAGEN:

Hierzu schmecken Kartoffeln besonders gut, aber auch Reis kann dazu serviert werden.

ZUTATEN: 2 PERSONEN

1 Spitzkohl

200 g gekochter oder geräucherter Schinken

1 EL Butter

Salz

Pfeffer

Kümmel

KOHLENHYDRATWAHL

Diese liefert die Beilage.

Eier mit Petersiliencreme

ZUTATEN: 1 - 2 PERSONEN

1 – 2 Eier pro Person

4 Schalotten

2 Eigelb

50 g Butter

1 Knoblauchzehe

2 EL Magerquark

Salz

Pfeffer

2 Bund Petersilie

ZUBEREITUNG

- Die Schalotten zerkleinern und in die Butterpfanne geben, dazu Knoblauch und gehackte Petersilie.
- Den Quark mit Mineralwasser aufschlagen, mit Salz und Pfeffer würzen, alles miteinander verrühren, 2 Eigelb dazugeben.
- Eier werden hartgekocht, die Petersiliensauce wird warm serviert.

BEILAGEN:

Hierzu passen am besten Kartoffeln und Möhren gekocht.

KOHLENHYDRATWAHL

Die Beilage enthält die Kohlenhydratart.

Gebratener Hering

ZUBEREITUNG

- Nach dem Ausnehmen des Fisches wird dieser kurz unter kaltem Wasser abgespült, gesalzen und in Mehl gewendet.
- Das Fett in der Pfanne sollte sehr heiß sein, bevor der auseinandergelegte Fisch hineingegeben wird.
- Der Hering wird auf beiden Seiten angebraten. Bitte aber erst wenden, wenn die eine Seite schon braun angebraten ist, ansonsten zerfällt der Fisch beim Wenden.

ZUTATEN:

1 – 2 Heringe pro Person

Mehl

Butter oder Öl

Salz

BEILAGEN:

Zu diesem Gericht kann nun jede Gemüsesorte gekocht werden, die gemocht wird. Haben Sie den Fisch in Öl gebraten, kann ein Salat (mit Öl angerichtet) serviert werden. Haben Sie Butter benutzt, geben Sie auch Butter zum Gemüse.

KOHLENHYDRATWAHL

Dazu kann Brot gereicht werden. Hierbei handelt es sich um die gleiche Kohlenhydratart. Aber bitte keine Kartoffeln, denn der Fisch wurde in Mehl gewendet.

Kartoffelauflauf

ZUTATEN: 4 PERSONEN

1 kg Kartoffeln

750 g Tomaten

100 g Butter

100 g geriebener Hartkäse

Salz

Pfeffer

1 Bund Basilikum

ZUBEREITUNG

- Kartoffeln mit der Schale kochen, abkühlen lassen, pellen und in Scheiben schneiden. Die Tomaten werden auch in Scheiben geschnitten.
- Eine feuerfeste Schale mit Butter einreiben.
- Abwechselnd Kartoffel- und Tomatenscheiben hineinlegen. Salzen und Pfeffern, die Hälfte des geriebenen Käse und der flüssigen Butter verteilen, dann kommt die zweite Schicht Kartoffeln und Tomaten darüber. Der restliche Käse und die restliche flüssige Butter werden verteilt. Kleingehackte Basilikumblätter darübergeben.
- Einige Basilikumblätter sollten für später zum Dekorieren aufbewahrt werden.
- Der Auflauf wird ca. 30 Min. im vorgeheizten Backofen bei 220 °C gebacken, bis der Käse goldbraun geworden ist.

BEILAGEN:

Das wäre schon eine Hauptmahlzeit, es kann aber noch Fleisch, Ei oder Schinken dazu gegessen werden. Ein Salat passt auch gut dazu.

KOHLENHYDRATWAHL

Kartoffeln. Eine mögliche Kombination wäre die Kartoffel-Gurken-Suppe..

Spargel mit Sauce Hollandaise

ZUBEREITUNG

- Schälen Sie den Spargel und schneiden das hölzerne Stück am unteren Ende ab.
- Geben Sie den Spargel in kochendes Salzwasser und lassen Sie ihn bei heruntergeschalteter Temperatur ca. 20 Min. garen.

SAUCE HOLLANDAISE:

- Lassen Sie bei niedriger Hitze die Butter in einem Topf schmelzen, rühren dann die Eigelbe darunter, schmecken Sie die Sauce mit Zitronensaft und Gewürzen ab.

BEILAGEN:

Zu Spargel isst man in der Regel Kartoffeln und Schinken.

ZUTATEN:

250 g Spargel pro Person

¼ TL Salz

1 Prise Zucker, wenn unbedingt nötig

4 Eigelb

250 g Butter

1 TL Zitronensaft

Salz

Weißer Pfeffer

KOHLENHYDRATWAHL

Diese ist mit der Kartoffel abgedeckt.

Rindersteak mit Zwiebeln

ZUTATEN:

Pro Person 120 – 180 g Rindersteakfleisch

1 gr. Gemüsezwiebel pro Person

Butter oder Öl

Salz

Pfeffer

ZUBEREITUNG

- Das Fleisch wird mit Salz und Pfeffer gewürzt.
- Die zerkleinerten Zwiebeln in einer Pfanne dünsten.
- Das Fleisch in einer zweiten Pfanne anbraten, die Zwiebeln zum Schmoren dazugeben.

Zu diesem Essen sind alle Gemüse-Variationen möglich: Blumenkohl, Möhren, alle Kohlsorten, Spinat, Salate etc.

BEILAGEN:

Sie können Ihrem Appetit entsprechend Kartoffeln, Reis oder Nudeln dazu servieren.

VARIANTEN:

Sie können auch andere Fleischsorten wählen. Pilze aller Arten sind als Beilage auch möglich.

KOHLENHYDRATWAHL

Wenn Sie statt Kartoffeln lieber ein Gläschen Wein oder eine Süßspeise hätten, so ist auch dieses möglich.

Tafelspitz mit Schnittlauchsauce

ZUBEREITUNG

- Das Suppengrün wird gewaschen, geputzt und zerkleinert, die Zwiebel grob gehackt und zusammen mit dem Lorbeerblatt und der Brühe in 1 ½ Liter Wasser gegeben und zum Kochen gebracht.
- Das Fleisch wird in das kochende Wasser gegeben und 1 ½ – 2 Stunden bei geringer Hitze am Sieden gehalten.
- Das gekochte Ei wird zerdrückt, das rohe Ei mit dem gekochten verrührt. Das Öl zuerst tropfenweise, dann immer größere Mengen unter ständigem Rühren dazugeben, bis eine Mayonnaise entstanden ist.
- Weißbrotkrumen in etwas Fleischbrühe glattrühren und kaltstellen, dann die Mayonnaise zugeben.
- Der kleingeschnittene Schnittlauch wird mit der Mayonnaise verrührt – mit Salz und Pfeffer abschmecken.
- Das Fleisch wird aus dem Topf genommen, in Scheiben geschnitten, mit den Wurzeln und dem Suppengrün garniert auf einen Teller gebracht.

BEILAGEN:

Dazu werden jetzt die Mayonnaise und Brot oder Nudeln gereicht.

KOHLENHYDRATWAHL

Nudeln und helles Brot können gleichzeitig gegessen werden.

ZUTATEN: 4 PERSONEN

750 g Tafelspitz

1 Zwiebel

1 EL gekörnte Brühe

1 Lorbeerblatt

1 Bund Suppengrün

Für die Sauce:

1 hartgekochtes Ei

1 Eigelb

⅛ l Öl

50 g Weißbrot

2 Bund Schnittlauch

Salz

Pfeffer

Lachs in Alufolie gebacken

ZUTATEN: 2 - 4 PERSONEN

1 Lachs

4 Stangen Porree

5 mittelgroße Möhren

½ l Gemüsebrühe

300 g Creme fraiche

Zitrone

1 – 2 EL Butter

Salz

Pfeffer

ZUBEREITUNG

- Den Lachs waschen, mit Zitronensaft beträufeln, salzen und pfeffern.
- Das Gemüse in schmale Streifen schneiden, mit Butter in der Pfanne andünsten. Die Gemüsebrühe und die Creme fraiche unterheben und eine Minute köcheln.
- Das Gemüse wird in die Fettpfanne des Backofens gefüllt, glattgestrichen, den Lachs darüberlegen.
- Die Fettpfanne mit Alufolie fest verschließen.
- Den Herd vorheizen und auf 200 °C einstellen. Die Backzeit beträgt 40 – 45 Minuten.

KOHLENHYDRATWAHL

Hier ist die Kohlenhydratart mit der Creme fraiche verbraucht. Als Nachspeise könnten Sie noch Buttermilcheis wählen. Zum Essen könnten Sie auch ein Glas Milch oder Buttermilch trinken.

Omelett mit Maisfüllung

ZUBEREITUNG

- Die Zwiebel wird gewürfelt, und mit 1 TL Fett in einem Topf glasig gedünstet. Der Mais wird hinzugefügt und erwärmt, die gehackten Kräuter werden ebenfalls dazugegeben. Mit Salz und Pfeffer wird gewürzt.
- Jetzt trennen Sie die Eier und schlagen das Eiweiß zu Eischnee. Das Eigelb wird mit Mineralwasser, Salz und Pfeffer verrührt und unter die Schneemasse gehoben.
- 1 TL Fett wird in einer Pfanne erhitzt, die Hälfte der Eischneemasse wird in die Pfanne gegeben und bei kleiner Hitze stocken gelassen.
- Die Hälfte der Mais-Füllung wird auf das Omelett gegeben, dieses wird zur Hälfte übergeklappt und warm gestellt.
- Das zweite Omelett bereiten Sie auf genau die gleiche Weise zu.

ZUTATEN: 2 PERSONEN

1 kleine Zwiebel

50 g Butter

1 Dose Gemüsemais

½ Bund Schnittlauch

½ Bund Petersilie

5 Eier

1 TL Salz

Pfeffer

5 EL Mineralwasser

KOHLENHYDRATWAHL

Hier ist die Kohlenhydratart im Mais enthalten.

Blumenkohl mit Parmesan

ZUTATEN: 2 PERSONEN

1 Blumenkohl

Parmesan

Olivenöl

ZUBEREITUNG

- Den Blumenkohl bissfest kochen.
- Aus dem Topf herausnehmen, mit Olivenöl beträufeln, danach mit Parmesan bedecken.
- 15 Min. in den vorgewärmten Backofen stellen – bei 200 °C.

BEILAGEN:

Ciabata-Brot – eventuell mit Butter oder Kartoffeln.

VARIANTE:

Steaks aller Art.

KOHLENHYDRATWAHL

Die Beilage würde die Kohlenhydratwahl entscheiden.

Fladenbrot-Pizza

ZUBEREITUNG

- Heizen Sie den Backofen auf 200 °C vor.
- Das Fladenbrot wird waagerecht durchgeschnitten (die eine Hälfte anderweitig verwenden).
- Der Quark wird mit Mineralwasser aufgeschlagen, Salz und der zerdrückte Knoblauch werden untergerührt.
- Das Brot wird mit dem Quark bestrichen, der aufgetaute Spinat darüber verteilt.
- Auf den Spinat verteilen Sie jetzt die Tomatenscheiben – mit Salz und Pfeffer würzen.
- Die Zwiebel wird in kleine Würfel geschnitten – sie bildet die nächste Lage. Darüber kommen Oliven und Mozzarellascheiben.
- Nun legen Sie Backpapier auf das Backblech und schieben die „Pizza“ in den Backofen.
- Dauer etwa 10 Min. – bis der Käse geschmolzen ist.

ZUTATEN: 2 PERSONEN

1 rundes Fladenbrot

2 EL Quark

Etwas Mineralwasser

1 Knoblauchzehe

1 Päckchen tiefgefrorener Blattspinat, 300 g

3 mittelgroße Tomaten

1 rote Zwiebel

Einige Oliven

125 g Mozzarella

Pfeffer

Salz

KOHLENHYDRATWAHL

Fladenbrot.

Pizza Margherita

ZUTATEN: 4 -8 PERSONEN

500 g Weizenmehl Typ 550

1 Päckchen Trockenhefe

1 kg Fleischtomaten (oder 2 Dosen geschälte Tomaten)

6 EL Öl

125 g Mozzarella-Käse

1 Bund Basilikum oder glatte Petersilie

½ TL Salz

Gemahlener Pfeffer

ZUBEREITUNG

- Mehl und Hefe mischen. ¼ Liter lauwarmes Wasser dazugießen. Mit dem Knethaken des Handrührers, später mit den Händen, zu einem glatten Hefeteig verkneten.
- Den Teig zugedeckt 30 Min. gehen lassen, Salz hinzufügen, ein wenig Wasser hinzugeben und nochmals den Teig mit den Händen ca. 10 Min. kneten.
- Vierteln Sie den Teig, bestäuben Sie ihn jeweils mit Mehl und lassen Sie die vier Portionen zugedeckt etwa 2 Stunden an einem warmen Ort gehen, bis der Teig sich verdoppelt hat.
- Erhitzen Sie 2 EL Öl in einem Topf, geben die kleingeschnittenen Tomaten dazu. 20 Min. Garzeit bis die Flüssigkeit verdampft ist, dann würzen Sie die Tomaten mit Salz und Pfeffer.
- Die Teigportionen werden ca. ½ cm dick ausgerollt und auf ein gefettetes Backblech gelegt.
- Der Teig wird mit den eingekochten Tomaten bestrichen, Käse und Basilikum werden daraufgelegt und mit dem restlichen Öl überträufelt.
- Den Backofen vorheizen, die Pizza 10 – 20 Min. bei 250 °C backen.

VARIANTEN:

Tofu mit Curry (indisch) schmeckt besonders köstlich dazu. Sie können die Pizza zusätzlich mit Hartkäse, Schinken und allen dazu möglichen Zutaten belegen. Garnierung mit den restlichen Basilikumblättern.

Blätterteig-Taschen

ZUTATEN: 2 PERSONEN

1 Paket tiefgefr. Blattspinat (200 g)

1 Packung Feta-Käse (Schafskäse)

2 hartgekochte Eier

1 Eigelb

2 gefr. Blätterteigscheiben

Salz

Pfeffer

Schwarzkümmel (aus dem Reformhaus)

ZUBEREITUNG

- Spinat im Topf andünsten, Flüssigkeit abgießen, mit Salz und Pfeffer würzen.
- Der Feta-Käse und die Eier werden mit der Gabel kleingedrückt und mit dem Spinat zusammengerührt.
- Die Blätterteigscheiben werden kurz mit Wasser angefeuchtet, dann werden 2 – 3 EL Spinatmasse entweder auf die Hälfte oder aber auf eine Hälfte über Eck gegeben. Die leere Teighälfte wird übergeklappt, die Ränder gut zusammendrücken.
- Die obere Hälfte wird mit verrührtem Eigelb bestrichen. Sparsam wird ein wenig Schwarzkümmel verstreut.
- Die Taschen werden 15 – 20 Min. bei 200 °C im vorgeheizten Backofen gebacken (Heißluft 180 °C).

VARIANTE:

Die Teigtaschen schmecken auch ohne Spinat. Außerdem können Teigtaschen auch mit Hartkäse und Schinken gefüllt werden.

KOHLENHYDRATWAHL

Blätterteig.

Kartoffelkugel

ZUTATEN: 2 PERSONEN

5 Eigelb

3 Tassen geriebene Kartoffeln

½ Tasse geriebene Zwiebeln

2 EL Olivenöl

5 Eiweiß

1 ½ TL Salz

¼ TL Pfeffer

1 EL Petersilie

Etwas Muskat

ZUBEREITUNG

- Zuerst schlagen Sie das Eigelb, bis es dick und zitronenfarbig ist.
- Geben die geriebenen Kartoffeln dazu, dann die Zwiebeln, Öl, Petersilie und die Gewürze.
- Das steifgeschlagene Eiweiß wird darunter gehoben.
- Die Masse geben Sie in eine feuerfeste Form.
- 40 Minuten bei mittlerer Hitze (180 °C) im Ofen backen.

KOHLENHYDRATWAHL

Kartoffeln.

Spaghetti mit Spinatsoße

ZUBEREITUNG

- Schneiden Sie die Zwiebeln klein und braten Sie diese glasig an.
- Würzen Sie mit viel Curry, Salz, Pfeffer, Muskat, Zimt und Kräutern und lassen Sie die Sauce köcheln.
- Dann geben Sie Spinat, Nelken und Lorbeerblätter hinzu.
- Reiben Sie den Käse, die eine Hälfte wird der Sauce zugegeben, die andere zum Bestreuen aufbewahrt. Nun kommt die Sahne dazu. Nachwürzen je nach Geschmack.

BEILAGEN:

Spaghetti.

ZUTATEN: 4 – 8 PERSONEN

1.000 g Spinat

8 Zwiebeln

300 g lactosefreie Sahne

400 g Käse (Gouda)

Olivenöl

Evtl. 1 zerkleinerte Pepperoni

3 Lorbeerblätter

Salz

Pfeffer

Zimt

8 Nelken

Muskat

Curry

Oregano oder Herbes de Provence

KOHLENHYDRATWAHL

Nudeln und Brot können kombiniert werden.

Lauchtorte

ZUTATEN: 2 - 4 PERSONEN

180 g Weizenvollkornmehl

100 ml Wasser

10 g zerlassene Butter

20 g Hefe

1 Prise Salz

300 g Lauch

1 Zwiebel

1 TL Butter

3 EL gehackte Kräuter

Koriander

Pfeffer

40 g geriebener Edamer

ZUBEREITUNG

- Aus Mehl, Hefe und Wasser wird der Hefeteig zubereitet. 15 – 20 Minuten lässt man ihn aufgehen. Danach wird der Teig auf einem gefetteten Backblech verteilt.
- Lauch und Zwiebeln werden in dünne Ringe geschnitten, mit etwas Fett angedünstet und gewürzt, der geriebene Käse wird untergemischt, Kräuter werden dazugegeben und gleichmäßig auf den Teig gelegt.
- Die Backzeit beträgt ca. 30 Min.

KOHLENHYDRATWAHL

Mehl. Vorweg kann ein Salat mit Brot gegessen werden (oder ein wenig Antipasti).

Bauernfrühstück

ZUBEREITUNG

- Zuerst werden die Kartoffeln gekocht, ca. 20 Min. Sie sollten nicht zu weich werden.
- Die Zwiebeln werden in kleine Stücke geschnitten, der Schnittlauch ebenfalls. Butter oder Öl wird in der Pfanne zum Erhitzen gebracht. Die Zwiebeln werden gedünstet, Schinkenwürfel dazugegeben.
- In einer anderen Pfanne werden die Kartoffeln wie Bratkartoffeln in kleinen Stücken angebraten, mit Salz und Pfeffer gewürzt.
- Der Inhalt der anderen Pfanne wird den Kartoffeln zugegeben, ebenfalls der zerkleinerte Schnittlauch. Es werden drei Eier aufgeschlagen, die Kartoffelmasse wird mit einem Schieber einige Male gewendet, bis die Eier geronnen sind.
- Sofort servieren, damit das Bauernfrühstück zum Verzehr noch heiß und saftig ist.

ZUTATEN: 3 – 4 PERSONEN

500 g Kartoffeln

250 g geräucherte Schinkenwürfel

4 Zwiebeln

Ca. 60 g Butter oder 3 EL Öl

3 Eier

Salz

Pfeffer

1 Bund Schnittlauch

KOHLENHYDRATWAHL

Es handelt sich hier um ein vollständiges Gericht mit einer Kohlenhydratart: Kartoffeln.

Saucen

Vielen Menschen schmeckt das Essen ohne Saucen nicht! Was wäre schon Spargel ohne Sauce Hollandaise oder der Braten ohne Sauce? Saucen runden durch Kräuter und Gewürze den Geschmack erst richtig ab. Hilfreiche Tipps, die das Ernährungsprinzip leichter einhalten lassen, finden Sie im Kapitel „Wie dicke ich Saucen an".

Basilikum-Sauce

ZUTATEN:

4 Knoblauchzehen

2 EL Pinienkerne

⅛ l Olivenöl

80 g Parmesankäse

½ TL Salz, Pfeffer

4 Bund frisches Basilikum

ZUBEREITUNG

- Das Basilikum fein zerkleinern.
- Den Knoblauch in der Knoblauchpresse zerkleinern und dazugeben. Salz und gemahlene Pinienkerne ebenfalls dazugeben.
- Das Olivenöl wird langsam untergerührt.
- Dann kommt der Parmesankäse dazu.
- Das Ganze wird mit Pfeffer abgeschmeckt.

GEEIGNET FÜR:

Pesto kann zu Nudeln, aber auch zu gekochtem Fleisch, Geflügel oder Fisch gegessen werden.

KOHLENHYDRATART

Die Basilikum-Sauce darf zu allen verschiedenen Kohlenhydratarten gegessen werden.

Aioli-Knoblauchsauce

ZUBEREITUNG

- Die Knoblauchzehen werden durch die Presse gedrückt.
- Eigelb, Salz und Senf hinzugefügt.
- Das Olivenöl wird tröpfchenweise mit dem Handrührer untergerührt und geschlagen bis die Mayonnaise cremig ist.
- Mit Zitronensaft wird abgeschmeckt.

GEEIGNET FÜR:

Fleisch, Fisch, Gemüse und als Dip.

Eine Sauce, die frei kombinierbar ist – sie enthält jedoch viele Kalorien!

ZUTATEN:

4 Knoblauchzehen

2 Eigelb

¼ l Olivenöl

3 EL Zitronensaft

Salz

Pfeffer

½ TL scharfer Senf

KOHLENHYDRATWAHL

Keine. Sie ist frei kombinierbar.

Grüne Sauce (zum Fleisch)

ZUTATEN:

4 Schalotten

2 TL Zitronen

5 EL Öl

Petersilie

Minze

Geriebene Zitronenschale

1 EL Kapern

ZUBEREITUNG

- Es wird alles zerkleinert und miteinander verrührt.
- Kann dann mit dem Fleisch zusammen in eine Alufolie gegeben werden (und z.B. 90 Min. zusammen mit dem Lammfleisch im Backofen garen).

KOHLENHYDRATWAHL

Keine. Sie ist frei kombinierbar.

Kräuter-Salatsauce

ZUBEREITUNG

Alle Zutaten miteinander verrühren.

GEEIGNET FÜR:

Grüne Salate, Gurkensalat, Paprikasalat, Tomatensalat

VARIATION:

Wenn Sie anstatt der Kräuter 1 TL Senf nehmen, haben Sie ein French-Dressing zubereitet.

ZUTATEN:

4 EL Öl

2 EL Weinessig

2 gehäufte EL Kräuter (wahlweise Petersilie, Estragon, Schnittlauch, Dill)

½ TL Salz

¼ TL Pfeffer

KOHLENHYDRATWAHL

Keine. Sie ist frei kombinierbar.

Nachspeisen

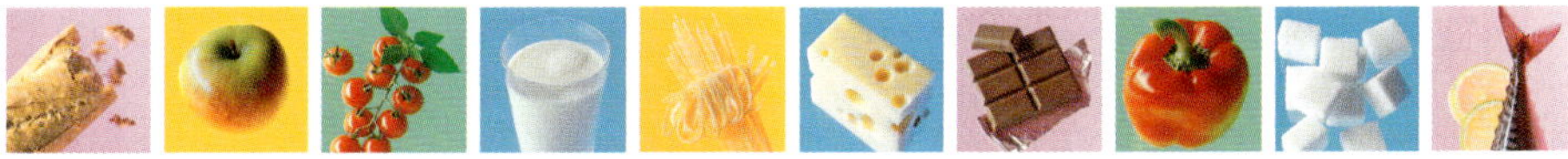

Topfenpalatschinken, Apfelstrudel mit Vanillesauce, Tiramisu, wer liebt diese Gaumenfreuden nicht? Doch diese Süßspeisen sind die Dickmacher schlechthin. Schleckermäuler verzichten lieber auf Kartoffeln oder Reis, damit sie mit gutem Gewissen ihren Leckerzahn befriedigen können. Die niedrigen vegetativen Typen würden leiden, wenn der süße Impuls nicht erlaubt wäre.

Obstsuppen

ZUTATEN: 4 PERSONEN

1 kg Äpfel

(Wahlweise auch: Holunder, Beeren, Pflaumen, Kirschen oder Zitronen)

50 – 100 g Fruchtzucker oder Zucker

Zimt

1 ½ l Wasser

ZUBEREITUNG:

- Obst zerkleinern und mit Wasser aufkochen.
- Mit Fruchtzucker oder Zucker süßen.
- Mit Agar-Agar andicken.

VERFEINERUNG:

Eischnee mit Zucker.

Geschlagene laktosefreie Sahne und ein wenig Zucker.

KOHLENHYDRATWAHL

Hier wäre das Obst die Kohlenhydratart. Obst enthält zu unterschiedlichen Anteilen Zucker wie auch Fruchtzucker. Nachsüßen bedeutet in diesem Fall, dass Sie bei der gleichen Kohlenhydratart bleiben sollten. Diabetiker sollten sich auf jeden Fall für den Fruchtzucker entscheiden.

Die laktosefreie Sahne enthält ebenfalls ein wenig Zucker. Hier ist der Milchzucker gegen Zucker ausgetauscht worden.

Das Hauptgericht sollte nur aus Fleisch, Fisch, Ei und Gemüse oder Salat bestehen.

Heiße Zwetschen mit Eischnee

ZUBEREITUNG

- Die Zwetschen entkernen.
- Im Topf mit einer Tasse Wasser und 1 EL Fruchtzucker und einer Stange Kaneel aufkochen. Die Kaneelstange nach dem Aufkochen entfernen.
- In kleine Portionsschalen füllen.

EISCHNEE:

- Für 4 Portionen werden 4 Eiweiß steifgeschlagen.
- 1 EL Fruchtzucker und Zimt oder 2 Vanillestangeninneres werden untergehoben.
- Der Eischnee wird über die Zwetschen gegeben.

ZUTATEN:

500 g Zwetschen

2 EL Fruchtzucker oder Zucker

4 Eischnee

2 Messerspitzen Zimt

1 Stange Kaneel (oder 2 Vanillestangeninneres)

1 Tasse Wasser

KOHLENHYDRATWAHL

Zwetschen enthalten Zucker und Fruchtzucker. Es ist möglich, ein wenig mit der einen oder anderen Zuckerart nachzusüßen – aber bitte nicht zu viel! Diese vitaminreiche Süßspeise kann durchaus anstelle eines Stückes Kuchen gegessen werden.
Das Hauptgericht dürfte keine weitere Kohlenhydratart enthalten.

Zitronenquark

ZUTATEN: 2 - 4 PERSONEN

500 g Quark (20 % Fett)

3 Zitronen

3 EL Zucker

3 Eier

1 Vanilleschote

Zitronenschale (von ungespritzten Zitronen)

Minzeblätter

ZUBEREITUNG

- Geben Sie den Quark in eine Rührschüssel.
- Rühren Sie den Saft von drei ausgepressten Zitronen unter.
- Geben Sie den Inhalt der Vanilleschote dazu.
- Rühren Sie drei Eigelb und 3 EL Zucker unter.
- Bringen Sie die Quarkspeise mit Mineralwasser in die richtige Konsistenz.
- Nun heben Sie das geschlagene Eiweiß unter und garnieren den Nachtisch mit Minzeblättern und geriebener Zitronenschale.

KOHLENHYDRATWAHL

Zucker ist in diesem Fall die Kohlenhydratart. Das Hauptgericht dürfte keine weiteren Kohlenhydrate enthalten.

Schokoladenspeise

ZUBEREITUNG

- Die Schokolade wird im Wasserbad aufgelöst und glatt gerührt.
- Die Schlagsahne wird geschlagen.
- Das Eiweiß wird in einem anderen Gefäß ebenfalls geschlagen.
- Wer es besonders süß mag, gibt 1 – 2 EL Zucker unter den Eischnee.
- Die Sahne wird mit dem Eischnee vermischt, dann wird alles vorsichtig unter die Schokoladenmasse gezogen.
- Die Schokoladenspeise wird 12 Stunden kühl gestellt.

Als Verzierung kann man sich vieles einfallen lassen: Pfefferminzblätter, eine Garnierung mit gespritzter Schlagsahne, geraspelte Schokolade.

ZUTATEN: 3 – 4 PERSONEN

2 Tafeln Schokolade (65 – 70 %ige oder Vollmilchschokolade)

½ l süße Sahne

8 Eiweiß

KOHLENHYDRATWAHL

Die Schokolade hat eine dominierende Wirkung, ist wie eine eigene Kohlenhydratart zu behandeln. Milch und Zucker können in geringen Mengen zugesetzt werden, da sie in der Schokolade enthalten sind.
Auch hier gilt: Das Hauptgericht darf keine weiteren Kohlenhydratarten enthalten. Sahne für die Sauce ist möglich, da sie auch schon in der Schokolade enthalten ist.

Mousse au chocolat

ZUTATEN:

200 g Bitterschokolade

2 TL Pulverkaffee

5 EL Wasser

5 Eier

4 EL Vanillezucker

125 – 250 g Schlagsahne

ZUBEREITUNG

- Die Schokolade und den Kaffee bei milder Hitze schmelzen lassen.
- Das Eigelb und den Vanillezucker schaumig schlagen.
- Die Ei-/Zuckermasse zur Schokolade dazugeben.
- Kalt stellen.
- Die geschlagene Schlagsahne unter die kaltgewordene Schokolade rühren.
- Dann 2 – 24 Stunden vorm Servieren kalt stellen.

KOHLENHYDRATWAHL

Die Schokolade hat eine dominante Wirkung, von daher spielt es keine Rolle, wenn zusätzlich noch Zucker oder Sahne dazugeben wird.
Das Hauptgericht darf keine Stärkebeilagen wie Kartoffeln, Reis oder Nudeln enthalten.

Kiwi-Fruchtsorbet

ZUBEREITUNG

- Die Kiwis schälen und klein schneiden.
- Mit Wasser und Fruchtzucker in einen kleinen Topf geben, auf schwacher Hitze verrühren, dann abkühlen lassen.
- Zwischenzeitlich das Eiweiß schlagen, dann langsam unterrühren.
- In Schälchen verteilen und mit einer Kiwischeibe garnieren.

VARIANTE:

Alle Obstarten sind möglich.

ZUTATEN: 2 PERSONEN

6 Kiwis

80 g Fruchtzucker oder Zucker

2 Eiweiß

250 ml Wasser

KOHLENHYDRATWAHL

Obst kann mit Zucker oder Fruchtzucker nachgesüßt werden.
Das Hauptgericht sollte nur aus Fisch, Fleisch, Ei und Gemüse bestehen.
Wählen Sie anstelle von Keksen, Süßigkeiten oder Kuchen lieber eine Süßspeise als Zwischenmahlzeit aus.

Zimt-Apfel

ZUTATEN: 2 PERSONEN

30 – 40 g Butter

4 Äpfel

4 Eischnee

3 EL Fruchtzucker oder Zucker

3 – 4 TL Zimt

ZUBEREITUNG

- Eine backfeste Schale mit Butter ausreiben.
- Apfelstücke vierteln und in die Schale dicht an dicht legen.
- Mit Zimt und Zucker oder Fruchtzucker bestreuen.
- Geben Sie die Schale 20 – 25 Minuten in den vorgeheizten Backofen bei 200 °C.
- Schlagen Sie nun das Eiweiß.
- Heben Sie Zimt und Zucker oder Fruchtzucker unter.
- Holen Sie die Äpfel wieder aus dem Backofen.
- Belegen Sie die Früchte mit der Eischneemasse.
- Geben Sie die Schale erneut in den Backofen.

- Nach ca. 5 Minuten ist der Eischnee bräunlich gebacken.

KOHLENHYDRATWAHL

An kühlen Winterabenden eine wohlige Spätmahlzeit! Diese Süßspeisen enthalten bereits die Kohlenhydratart. Weitere Kohlenhydratarten sind zur Vor- oder Hauptspeise nicht möglich.

Rhabarberkompott mit Quark

ZUBEREITUNG

- Der Rhabarber wird in Wasser weich geköchelt.
- Sobald sich die Kompottmasse gut verrühren lässt, werden der Zucker und der Vanillezucker untergerührt.
- Jetzt kann der Quark unter die Kompottmasse gemischt werden.

VARIANTE:

Der Quark kann auch mit etwas Vanillezucker gesüßt und extra serviert werden.

ZUTATEN: 2 – 4 PERSONEN

500 g Rhabarber

100 – 125 g Zucker

1 Tüte Vanillezucker

250 – 500 g Quark

⅛ l Wasser

Apfelsinenschale – (nach Belieben)

KOHLENHYDRATWAHL

Diese ist Zucker. Hauptgerichte können nur aus Fleisch, Fisch, Ei und Gemüse bestehen.

Süßes Omelett

ZUTATEN: 4 PERSONEN

8 Eier

1 EL Fruchtzucker oder Zucker

250 g Magerquark

Butter

Je 1 Messerspitze Safran, Ingwer, Vanille, Zimt

1 Fruchtsorte oder Schokolade

ZUBEREITUNG

Quarkfüllung:

- 2 Eiweiß schlagen.
- 2 EL Fruchtzucker unterheben.
- Den Quark unterrühren.
- Mit Vanille, Zimt oder Schokolade, wahlweise Fruchtsaft, Apfel, Rhabarber verrühren.

Omelett:

- 6 Eigelb mit Fruchtzucker und Safran schlagen.
- 8 Eiweiß mit Fruchtzucker steif schlagen, beides miteinander verrühren.
- In kleiner beschichteter Pfanne etwas Butter aufschäumen lassen.
- Ca. 3 EL der Mischung hineingeben, nur stocken lassen, bis die untere Schicht fest geworden ist.
- Das Omelett auf einen Teller geben.
- Quarkfüllung auf die Hälfte des Omeletts geben und mit einer Sorte Frucht belegen oder mit Schokoladenraspeln bestreuen.
- Mit der anderen Hälfte zudecken.

KOHLENHYDRATWAHL

Der Zucker, das Obst und/oder die Schokolade. Das Hauptgericht kann nur aus Fleisch, Fisch, Ei, Quark und Gemüse bestehen.

Kiwi-Schaum

ZUBEREITUNG

- Das Eiweiß wird geschlagen.
- Zucker oder Fruchtzucker wird untergerührt.
- Die Kiwi wird mit der Gabel zerkleinert.
- Kardamom und 1 Prise Salz werden untergerührt.

Der Kiwischaum wird 10 Minuten ins Kühlfach gestellt, bevor er serviert wird.

ZUTATEN: 2 PERSONEN

3 Eiweiß

1 EL Fruchtzucker oder Zucker

1 Kiwi

1 TL Kardamom

1 Prise Salz

KOHLENHYDRATWAHL

Zucker oder Fruchtzucker und Obst.

Quark-Apfel

ZUTATEN: 2 PERSONEN

3 Äpfel

1 ½ TL Fruchtzucker oder Zucker

500 g Magerquark

3 Tropfen Zitrone

1 – 2 Nelken

¼ TL Zimt

1 Vanillestange

½ Tasse Wasser

ZUBEREITUNG

- Schälen Sie die Äpfel und entfernen Sie die Kernhäuser.
- Lassen Sie die Äpfel mit Wasser, Zitrone, Fruchtzucker und Gewürzen ca. 10 Minuten im Topf köcheln.
- Währenddessen schlagen Sie den Quark mit ein wenig Mineralwasser auf.
- Geben hierzu eine Vanillestange.
- Füllen Sie die Quarkmasse in eine Schale oder mehrere Schälchen.
- Geben Sie dann die Apfelstücke und den Sud über die Quarkmasse.

KOHLENHYDRATWAHL

Bei Apfel, Zucker oder Fruchtzucker handelt es sich um die Kohlenhydratart.

Maisgrießbrei

ZUBEREITUNG

- Der Maisgrieß wird in kochendes Salzwasser eingerührt, dann bei ausgeschaltetem Strom stehen gelassen, bis die Masse dick geworden ist.
- Die Butter wird in der Pfanne angebräunt.
- Diesen Brei genießt man mit zerlassener Butter.

ZUTATEN:

125 g Maisgrieß

50 g Butter

1 Prise Salz

½ l Wasser

KOHLENHYDRATWAHL

Man kann ihn anstelle von Milch mit Wasser kochen, Grießliebhaber müssen so nicht auf diese Speise verzichten. Die Kohlenhydratart ist hier Maisgrieß.

Zitronencreme

ZUTATEN: 4 PERSONEN

4 Eigelb

100 g Zucker

1 – 2 Zitronen

6 Blatt Gelatine

4 Eischnee

ZUBEREITUNG

- Schlagen Sie 4 Eigelb mit dem Zucker schaumig, rühren Sie danach den Zitronensaft langsam unter die Masse.
- Lösen Sie die Gelatine in einem Wasserbad und lassen Sie diese kalt werden.
- Zwischenzeitlich schlagen Sie das Eiweiß.
- Die Gelatine wird der Zitronenmasse zugegeben und vorsichtig untergerührt, bis die Masse anfängt, leicht dick zu werden.
- Weiterhin sehr vorsichtig wird dann die geschlagene Eiweißmasse untergezogen.
- Stellen Sie die Speise 1 – 2 Stunden kalt.

KOHLENHYDRATWAHL

Die Kohlenhydratart ist hier Zucker. Das Hauptgericht sollte nur aus Fleisch, Fisch und Gemüse bestehen.

Schokoladen-Eiscreme

ZUBEREITUNG

- Eier und Zucker werden schaumig geschlagen.
- Die aufgelöste Milchschokolade wird hinzugegeben. Lassen Sie die Masse zum Abkühlen stehen.
- Schlagen Sie nun die Schlagsahne steif und heben Sie diese unter die Masse.
- Die geraspelte Bitterschokolade wird untergerührt – bis auf eine kleine Menge, die zum Dekorieren benötigt wird.
- Füllen Sie die Masse in ein Gefriergefäß und gefrieren es für 5 – 7 Stunden.

ZUTATEN: 4 PERSONEN

200 g Milchschokolade

¼ l Sahne

100 g Zartbitterschokolade

2 EL Zucker

3 Eier

KOHLENHYDRATWAHL

Die Schokolade hat bei dieser Menge eine dominante Wirkung, von daher kann Zucker und Sahne dazugegeben werden. Damit ist die Schokolade die Kohlenhydratart.

Italienischer Käsekuchen

ZUTATEN: 4 PERSONEN

300 g Weizenmehl

100 ml kaltgepresstes Olivenöl

100 g Appenzeller Käse

100 g Bergkäse

200 g Ziegenkäse

1 Bund Petersilie

Frische Salbeiblätter

⅛ l Wasser

ZUBEREITUNG

- Kneten Sie das Mehl mit Öl und Wasser mit den Händen zu einem Teig.
- Schlagen Sie die Masse in eine Folie und lassen Sie diese eine halbe Stunde ruhen.
- Schneiden Sie den Käse in kleine Stücke und vermischen Sie ihn mit gehackter Petersilie.
- Pinseln Sie das Backblech mit Öl ein.
- Rollen Sie die Hälfte des Teiges auf dem Backblech aus und verteilen Sie den Käse darüber. Die andere Teighälfte wird ausgerollt und wiederum über die Käsemasse gegeben.
- Die Ränder der beiden Teigschichten werden zusammengedrückt.
- Die Oberfläche wird mit Olivenöl eingepinselt, mit Salz bestreut und mit Salbeiblättern dekoriert. Es werden einige kleine Rundlöcher mit der Gabel gesetzt.

Die Backzeit beträgt 25 Minuten bei 250 °C im vorgeheiztem Backofen.

KOHLENHYDRATWAHL

Als Hauptgericht könnte es z. B. Spaghetti mit Pesto und einen Salat geben. Auf Wein sollten Sie bis zwei Stunden nach dem Essen verzichten. Nudeln und Rotwein wären zwei verschiedene Kohlenhydratarten.

Käsepudding

ZUBEREITUNG

- Die Butter wird schaumig gerührt, Eigelb, geriebenen Käse und Quark, der vorher mit Mineralwasser aufgeschlagen wird, dazu geben.
- Mehl, Schinken und die Pfifferlinge werden nacheinander untergerührt.
- Zum Schluss wird der steifgeschlagene Eischnee unter die Masse gezogen.
- Der Teig wird in eine Puddingschüssel gefüllt, diese wird verschlossen. Geben Sie diese in ein Wasserbad.
- Der Pudding soll in brodelndem Wasser 1 bis 1 ¼ Std. garen.
- Nehmen Sie die Puddingform aus dem Wasserbad, lassen Sie den Pudding 5 Minuten stehen. Lösen Sie den Rand mit einem Messer. Dann wird er auf eine Servierplatte umgestülpt.
- Käseraspel können noch zur Dekoration verwendet werden.

ZUTATEN: 4 PERSONEN

100 g Butter

5 Eier

100 g geriebener Hartkäse

2 EL 20 %igen Quark

100 g Mehl

50 g gewürfelten Schinken

150 g Pfifferlinge

KOHLENHYDRATWAHL

Mehl ist in diesem Fall die Kohlenhydratart. Ein Nudelgericht oder Fleisch, Fisch, Gemüse und Brot könnten als Hauptgericht kombiniert werden.

Buttermilcheis

ZUTATEN:

150 g Buttermilch

1 TL Vanillepulver

2 Eier

¼ l Sahne

Milchzucker

ZUBEREITUNG

- Buttermilch, Vanillepulver, Eigelb und Milchzucker verrühren.
- Jeweils Eischnee und Schlagsahne einzeln schlagen und nacheinander unterrühren.
- Dann in den Gefrierschrank stellen.

VORGERICHTE:

Eiweiß und Gemüse, die Sauce könnte dann auch Sahne enthalten oder der Salat könnte mit Joghurt angefertigt werden.

KOHLENHYDRATWAHL

Die Kohlenhydartart ist in diesem Fall der Milchzucker, enthalten in der Milch und in der Sahne.
Das Hauptgericht könnte aus Fleisch, Fisch, Ei und Gemüse bestehen. Für die Soße könnte man Sahne verwenden oder einen Salat mit Sahne oder Joghurt anrichten.
Vorsicht! Beilagen wie Kartoffeln, Nudeln oder Reis sind nicht möglich.

Fruchtgelee

ZUBEREITUNG

- Die Kirschen waschen, schälen und entkernen.
- Die Zitrone auspressen.
- Die Gelatine in kaltem Wasser einweichen
- ⅛ l Fruchtsaft im Topf erhitzen.
- Die eingeweichte Gelatine in den Fruchtsaft geben und auflösen.
- Den restlichen Fruchtsaft, den Zitronensaft und den Zucker unterrühren.
- Die zerkleinerten Kirschen in eine Schale oder mehrere Portionsschälchen geben.
- Mit der Saftmischung begießen.
- 1 Stunde in den Kühlschrank erstarren lassen.
- Das Fruchtgelee aus der Schale oder den Schälchen stürzen.

BEILAGEN:

Lactosefreie Schlagsahne oder Quark mit Vanillezucker.
Mit einer Kirsche verzieren.

VARIANTEN:

Äpfel, Birnen oder Pfirsiche.

KOHLENHYDRATWAHL

Obst enthält Zucker und Fruchtzucker. Sie können wahlweise mit Zucker oder Fruchtzucker nachsüßen. Laktosefreie Sahne enthält ebenfalls Zucker. Sie kann grundsätzlich zu Obst genossen werden.

ZUTATEN: 4 PERSONEN

500 g Kirschen

1 Zitrone

6 Blatt weiße Gelatine

⅜ l Kirschsaft

3 gestrichene EL Zucker

Kuchen

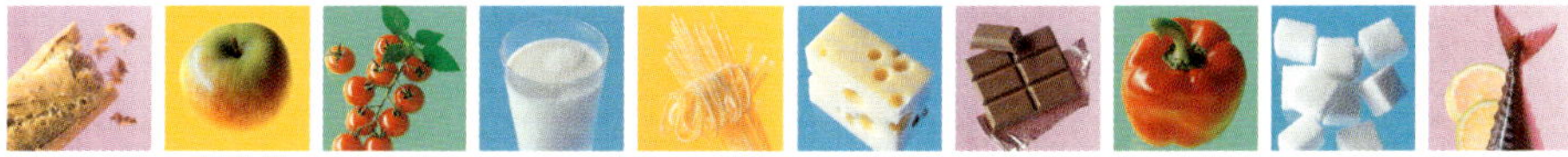

„Hätt´ ich Dich heut erwartet, hätt´ ich Kuchen da!" Dieser Spruch kann auch in der Impuls-Ernährungsweise ohne Reue in die Tat umgesetzt werden. Kuchen aus Mehl, Zucker und zusätzlich vielleicht noch Früchten lassen den Genießer müde und träge werden, wenn da nicht der Kaffee oder der Tee wären. Koffein macht wach und rettet diese Situation. Doch wie Sie gleich sehen werden, können Kekse und Kuchen auch mit nur einer Kohlenhydratart entstehen.

Nuss-Schokoladentorte

ZUTATEN:

100 g gemahlene Haselnüsse

80 g Zucker

1 Tafel Zartbitterschokolade

5 Eier

Frische oder tiefgefrorene Preiselbeeren

ZUBEREITUNG

- Das Eiweiß wird steif geschlagen, ca. ⅓ davon zur Seite stellen.
- Zucker, 5 Eigelb, geriebene Schokolade und gemahlene Haselnüsse werden untergerührt.

Die Backzeit beträgt 30 min. bei 175 – 180 °C.

- Die frischen oder aufgetauten Preiselbeeren werden auf die gebakkene Torte gegeben.
- Der Rest der geschlagenen Eiweißmasse wird mit 1 EL Zucker gesüßt und über die Preiselbeeren gestrichen.

Die Torte wird erneut für ca. 5 Minuten in den Backofen geschoben.

KOHLENHYDRATART

Preiselbeeren enthalten ein wenig Zucker. Diese Kombination ist aufgrund der dominanten Schokoladenwirkung möglich.

Rübli-Torte

ZUBEREITUNG

- Verrühren Sie die 5 Eigelb mit Zucker.
- Geben Sie die geraspelten Möhren und Mandeln dazu.
- Rühren Sie Zitrone, Salz und Backpulver unter.
- Schlagen Sie Eischnee und heben ihn unter.

In einer Springform bei 220 °C ca. 50 Min. backen.

ZITRONENGUSS:

- Verrühren Sie den Puderzucker mit Zitronensaft und geben Sie diese Masse über die fertiggebackene Torte.

ZUTATEN:

300 g Möhren

5 Eier

300 g Zucker

300 g gemahlene Mandeln

½ geriebene Zitrone

1 TL Backpulver

1 Prise Salz

Zuckerguss:

½ Zitrone

6 – 8 EL Puderzucker

KOHLENHYDRATWAHL

Zucker ist hier die Kohlenhydratart. Möhren enthalten ebenfalls Zucker. Mandeln bestehen hauptsächlich aus Fett und Eiweiß. Der darin enthaltene Kohlenhydratanteil ist gering, von daher ist diese Kombination ausnahmsweise möglich.

Schokoladentorte

ZUTATEN:

200 g Blockschokolade

100 g Butter

100 g Zucker

3 Eier

2 EL Mehl (auch ohne möglich)

Puderzucker zum Bestreuen

ZUBEREITUNG

- Lassen Sie gebrochene Schokoladenstücke im Wasserbad mit 2 EL Wasser schmelzen.
- Geben Sie Butter und Zucker dazu und lassen Sie alles unter umrühren schmelzen.
- Trennen Sie die Eier in verschiedene Gefäße.
- Rühren Sie 3 Eigelb und das Mehl unter die Schokoladenmasse.
- Das Eiweiß schlagen Sie steif und heben es unter die Schokoladenmasse.
- Die Springform wird mit Backpapier ausgelegt, die Schokoladenmasse wird auf dem Backpapier verteilt.
- Die Form wird in den kalten Ofen geschoben, eine Hitze von 180 °C wird eingestellt, die Backzeit beträgt 40 – 50 Minuten.
- Mit der Gabel wird geprüft, ob noch Teig kleben bleibt. Sollte dieses der Fall sein, wird die Backzeit noch etwas verlängert.
- Die Torte wird mit Puderzucker bestreut.

KOHLENHYDRATWAHL

Diese Torte enthält zwar mehrere Kohlenhydratarten, aufgrund der dominanten Schokoladenwirkung ist diese Kombination jedoch möglich (ansonsten ist die Kombination Mehl und Zucker nicht erlaubt).
Die Schokoladentorte kann man auch ohne Mehl backen. Sie schmeckt wie Pralinen!

Käsekuchen

ZUBEREITUNG

- Schlagen Sie den Quark mit Mineralwasser auf.
- Geben Sie das kleingeschnittene Obst dazu. Heben Sie etwas Obst für die Garnierung auf.
- Verrühren Sie 3 Eigelbe mit Fruchtzucker oder Zucker. Behalten Sie noch etwas Zucker für den Eischnee übrig.
- Geben Sie den Inhalt einer Vanillestange und den Quark dazu.
- Schlagen Sie das Eiweiß steif. Den Rest vom Zucker oder Fruchtzucker heben Sie unter die Masse.
- Die Quarkmischung wird in eine leicht gefettete Form gegeben und mit dem vierten Eigelb bestrichen. Mit Obst wird garniert.

Im vorgeheizten Backofen 45 – 60 Min. bei 170 °C backen.

ZUTATEN:

750 g Quark

Himbeeren
(Erdbeeren, Zitronen, Pflaumen – alle Obstsorten sind möglich)

4 Eigelb

200 g Fruchtzucker oder Zucker

2 Eiweiß

Fett für die Form

Mark einer Vanillestange

Mineralwasser

KOHLENHYDRATWAHL

Obst enthält Zucker und Fruchtzucker. Sie können beide Sorten zum Nachsüßen verwenden.

Nusskuchen

ZUTATEN:

10 Eier

300 g Zucker

1 Päckchen Vanillezucker

400 g gehackte Haselnüsse

1 Prise Salz

ZUBEREITUNG

- Trennen Sie die Eier und schlagen das Eiweiß mit einer Prise Salz steif.
- Rühren Sie das Eigelb, den Zucker und den Vanillezucker schaumig.
- Mischen Sie die gehackten Nüsse unter und heben Sie das Eiweiß vorsichtig unter.
- Geben Sie die Masse auf ein mit Backpapier ausgelegtes Backblech.

Im vorgeheizten Backofen 50 Minuten bei 175 °C backen.

KOHLENHYDRATWAHL

Die Kohlenhydratart ist Zucker.

Weihnachts-Nuss-Kekse

ZUTATEN: 3 – 4 PERSONEN

3 Eiweiß

250 g Zucker

250 g geraspelte Nüsse

1 Päckchen Vanillezucker

Ganze Nüsse

Zimt – wer mag

ZUBEREITUNG

- Die geraspelten Nüsse und der Zucker werden verrührt.
- Vorsichtig wird der geschlagene Eischnee untergerührt.
- Teelöffelweise geben Sie nun kleine Portionen aufs Backpapier – mit jeweils einer ganzen Nuss werden die Kekse garniert.

Backzeit: 25 Min. bei 150 °C.

KOHLENHYDRATWAHL

Zucker. Vorsicht! Wer an einer Getreide-Unverträglichkeit oder an Heuschnupfen leidet, sollte Haselnüsse meiden, da es zu Kreuzallergien kommen könnte.

Schokoladenkuchen

ZUTATEN:

250 g Zartbitterschokolade

125 g Butter

125 g Zucker

4 getrennte Eier

100 g gemahlene Mandeln

ZUBEREITUNG

- Die Schokolade und die Butter werden bei milder Hitze im Topf geschmolzen, danach etwas abkühlen lassen.
- Zucker und Eigelb werden miteinander schaumig verrührt.
- Geben Sie nun die Schokoladenmasse dazu.
- Danach die gemahlenen Mandeln.
- Schlagen Sie nun das Eiweiß und heben es unter die Masse.

Backofen auf 180 °C vorwärmen, 35 Min. in einer kleinen Form (22 cm Durchmesser) backen.

KOHLENHYDRATWAHL

Die Schokolade hat in diesem Fall die dominante Wirkung.

Schokoladen-Nuss-Kuchen

ZUBEREITUNG

- Die Schokolade im Wasserbad bei 160 °C schmelzen lassen.
- Nüsse, Zucker, Vanillezucker und Eigelb mit der zerlassenen Schokolade vermischen.
- Eiweiß steif schlagen und unter die Schokoladenmasse ziehen.
- In eine mit Backpapier ausgelegte Springform füllen.

- Im vorgeheizten Backofen bei 160 °C Umluft 25 Minuten backen und 3 bis 4 Minuten im geöffneten abgeschalteten Backofen noch stehen lassen.
- Dick mit Puderzucker bestreuen.

VARIANTE:

- Als Weihnachtstorte den Teig zusätzlich mit 2 Teelöffeln Zimt, einer Messerspitze gemahlenen Nelken und ½ Teelöffel Koriander würzen.
- Auf den Puderzucker Sterne aus Kakao streuen.

KOHLENHYDRATWAHL

Die Kohlenhydratart ist Schokolade. Zucker kann unbedenklich dazugegeben werden.

ZUTATEN:

200 g gemahlene Nüsse

200 g Schokolade, Kakaoanteil 65%

150 g Zucker

2 Vanillezucker

Puderzucker

4 Eigelb

4 Eiweiß

Preiselbeertorte

ZUTATEN:

80 g Butter

5 Eigelb

100 g Zucker

5 Eiweiß

10 g Wasser

100 g gemahlene Nüsse

100 g Kokosraspeln

100 g Blockschokolade

Frische oder tiefgefrorene Preiselbeeren (oder Apfelmus)

Tortenverzierung:

100 g Schokolade

Kokosraspeln

ZUBEREITUNG

- Wasser, Butter und Eigelb werden cremig gerührt.
- Gemahlene Nüsse, Kokosraspeln und geraspelte Schokolade einrühren.
- Steifgeschlagenen Eischnee mit Zucker unterheben.
- Im Tortenring mit dem Durchmesser von 24 cm auf 190 °C 35 Minuten ausbacken.
- Den Tortenboden in der Mitte durchschneiden und mit Preiselbeeren füllen.

TORTENVERZIERUNG

- Die zweite Portion Schokolade schmelzen lassen.
- Auf der Torte verteilen.
- Zur Dekoration Kokosraspeln darüberstreuen.

KOHLENHYDRATWAHL

Schokolade. Obst und Zucker können zusammen verwendet werden. Schokolade enthält ebenfalls Zucker. Der Fruchtzuckeranteil der Preiselbeeren wird durch die Schokoladenwirkung überdeckt.

Walnusskekse

ZUBEREITUNG

- Das Eiweiß wird steif geschlagen, der Zucker dazugegeben und nochmals steif geschlagen.
- Die kleinen Wallnuss-Stückchen und die geraspelte Schokolade werden untergerührt.
- Mit einem Löffel werden kleine Portionen auf ein Backblech mit Backpapier gegeben.
- Die Kekse werden bei 160 °C 45 – 50 Minuten gebacken.

ZUTATEN: 3 – 4 PERSONEN

3 Eiweiß

150 g Zucker

100 g kleingeschnittene Walnüsse

100 g kleingeschnittene Zartbitter- oder Milchschokolade

KOHLENHYDRATWAHL

Ihre entscheidende Kohlenhydratart ist die Schokolade.

Brot

„Unser täglich Brot“ – was wird inzwischen daraus gemacht! Backmischungen, Haltbarkeitstoffe, Glukosesirup, Zucker, Buttermilch, Milch, Mais, Kartoffeln – eine Überforderung für unseren Geschmackssinn und unsere Nervenbahnen! Da müssen wir uns nicht wundern, dass ungefähr jeder 400. Mensch darauf mit einer Unverträglichkeit reagiert.

Helles Brot mit verschiedenen Körnern

ZUTATEN:

700 g dunkles Weizenmehl Typ 1050

oder Weizenmehl Typ 405

5 TL Salz mit Jod/Fluorid/Folsäure

1 Päckchen Hefe

400 ml Wasser

1 EL Öl

weitere Zutaten je nach Geschmack:

1 EL Walnussöl (enthält Folsäure)

1 Handvoll Sonnenblumenkerne

1 Handvoll Leinsamenkörner

Ein paar Walnüsse

Oliven

Körner aller Art

ZUBEREITUNG

- Mit dem Brotbackautomaten haben Sie die wenigste Arbeit, ansonsten alles mit dem Knethaken des Mixers gründlich vermischen.
- 45 Minuten an einem warmen Ort gehen lassen.

- Im Backofen auf einem Blech bei 210 °C 60 – 120 Min. je nach Körnergehalt backen.

KOHLENHYDRATART

Die ist in diesem Fall eindeutig: Getreide. Backt man sein Brot selber, weiß man, dass keine weiteren Kohlenhydrate enthalten sind, wie zum Beispiel Milch oder Zucker. Vor allem aber muss der Körper sich nicht mit Zusatzstoffen auseinandersetzen. Vitamine sind auf jeden Fall kalkulierbar enthalten.
In Schweden wird Folsäure dem Brot zugesetzt. In Deutschland bisher noch nicht, obwohl Jod- und Folsäuremangel häufig vorkommen.

Vollkorn-Dinkel-Brot

ZUTATEN:

700 g Dinkelmehl

100 g Kürbiskerne

200 g Sonnenblumenkerne

200 g grobe Haferflocken

5 TL Salz

1 Päckchen Trockenhefe

Knapp 1 ⅛ l warmes Wasser

ZUBEREITUNG

- Alle Zutaten mit 1 Liter Wasser in eine große Schüssel geben.
- Mit dem Knethaken des Mixers gründlich mischen.
- 45 Minuten an einem warmen Ort gehen lassen.
- Den Rest des Wassers zum Teig geben und kräftig kneten. Der Teig soll recht weich, fast flüssig bleiben.
- In eine mit Backpapier ausgelegte Kastenform (36 cm) füllen und nochmals 20 Minuten gehen lassen.

- Zwischenzeitlich den Backofen auf 175 °C Umluft vorheizen.
- Das Brot auf der unteren Schiene 1 Stunde 30 Minuten backen.

KOHLENHYDRATWAHL

Getreide. Verschiedene Getreidekörner dürfen unter den Teig gemischt werden.